Theologie der Arbeit

T0161659

Collection Chenu

Herausgegeben vom
Institut M.-Dominique Chenu – Espaces Berlin
durch Christian Bauer, Thomas Eggensperger
und Ulrich Engel

Band 5
M.-Dominique Chenu
Theologie der Arbeit
Beiträge aus drei Jahrzehnten

hrsg. von
Christian Bauer, Thomas Eggensperger und Ulrich Engel
Aus dem Französischen übersetzt
von Michael Lauble
Mit einer Einführung
von Sonja Sailer-Pfister

M.-Dominique Chenu

Theologie der Arbeit
Beiträge aus drei Jahrzehnten

Aus dem Französischen von Michael Lauble

Matthias Grünewald Verlag

Band 5 der »Collection Chenu« wurde gefördert durch:
Dr. Barthel Schröder, Köln
Zusters Dominicanessen van Neerbosch, Nijmegen

Für die Schwabenverlag AG ist Nachhaltigkeit ein wichtiger Maßstab
ihres Handelns. Wir achten daher auf den Einsatz umweltschonender
Ressourcen und Materialien.

Bibliografische Information der Deutschen Nationalbibliothek
Die Deutsche Nationalbibliothek verzeichnet diese Publikation in der
Deutschen Nationalbibliografie; detaillierte bibliografische Daten sind
im Internet über http://dnb.d-nb.de abrufbar.

2. Auflage 2016

Umschlaggestaltung: Finken & Bumiller, Stuttgart
Druck: CPI books GmbH, Leck
Hergestellt in Deutschland
ISBN 978-3-7867-2972-3

Inhalt

Einführung

Sonja Sailer-Pfister

Die Diskussionen über menschenwürdige Arbeit, über die Zunahme prekärer Arbeitsverhältnisse oder über einen Mindestlohn prägen immer wieder den gesellschaftlichen Diskurs der modernen Arbeitsgesellschaft. Auch die Theologie und Sozialethik sowie das kirchliche Lehramt in Form seiner Sozialenzykliken beschäftigen sich mit dem Thema Arbeit, wenn auch nicht in der Tiefe und mit der Priorität, die angesichts der massiven Veränderungen in der Arbeitswelt wünschenswert wären.

Marie-Dominique Chenu (1895–1990) war auf diesem Gebiet vorbildlich und einer der Pioniere. Als einer der ersten beschäftigt er sich im Kontext der Industrialisierung mit der Veränderung der Arbeitswelt und legt eine theologische Reflexion der Arbeit vor. Er wendet sich als einer der wenigen Theologen seiner Zeit, neben dem intensiven Studium mittelalterlicher Theologie v.a. in Form der Schriften Thomas von Aquins, gesellschaftlichen Entwicklungs- und Veränderungsprozessen zu und macht gesellschaftliche Beobachtungen zum Ausgangspunkt seines theologischen Denkens. Arbeit als anthropologische Grundkonstante ist das entscheidende gesellschaftliche Thema für ihn, das auch sein ganzes theologisches Schaffen prägt. Für viele seiner Zeitgenossen gingen diese zwei Pole seines Wirkens nicht zusammen. Für ihn aber war die Synthese kein Problem, weil er die Gesellschaft als Ort der Theologie wahrnahm.

Parallel zu seiner wissenschaftlichen Arbeit betätigte sich Chenu als Berater und geistlicher Begleiter der kirchlichen Aufbruchsbewegungen der französischen Gesellschaft.[1]

Ca. 1928 gelangte die 1922 von Joseph Cardijn in Belgien und 1926 durch G. Guérin in Frankreich gegründete JOC (*Jeunesse Ouvrière*

---

1 Vgl. M. Heimbach-Steins, Einmischung und Anwaltschaft. Für eine diakonische und prophetische Kirche, Ostfildern 2001, 39f.

Chrétienne) nach »Le Saulchoir«.[2] Von Anfang an war Chenu ihr geistlicher und seelsorglicher Berater.[3] Wie Cardijn nahm Chenu die Situation der jungen Arbeiterschaft ernst. Er sah sie eingebunden in das Netz von Familie, Wohnviertel, Werkstatt oder Büro und Freizeit und erkannte, dass diese Institutionen, v.a. die der Arbeitswelt, in Widerspruch zum Evangelium und zu der Erfahrung einer religiösen Komponente im alltäglichen Beruf stehen. Chenu dagegen hatte die Einheit aller Lebensbereiche im Blick, die durch die Gegenwart Christi in der Liturgie, in der Messe, in den Sakramenten und in der heiligen Schrift geschaffen wird und ihren Höhepunkt im Heilswerk Jesu Christi findet, das die Kirche immer wieder aktualisiert.

Ähnlich wie bei der JOC leistete er auch bei der Katholischen Aktion der Erwachsenen theologische und seelsorgliche Begleitung und Beratung.[4] Wie in der JOC versuchte er auch in der Katholischen Aktion der Erwachsenen, seine Gedanken zur Spiritualität und Theologie der Arbeit in die Praxis umzusetzen. Seine Theologie implizierte eine Öffnung und Hinwendung der Christinnen und Christen zur Welt. Er verbreitete eine Aufbruchsstimmung und provozierte einen missionarischen Elan.

Marie-Dominique Chenu spielte eine entscheidende Rolle bei der missionarischen Erneuerung Frankreichs und davon ausgehend der ganzen Weltkirche. Von ihm stammt die Bezeichnung »L´église en état de mission«[5]. Er stand am Anfang all der Bewe-

2 Vgl. M.-D. Chenu, Le Saulchoir. Eine Schule der Theologie. Aus dem Französischen von M. Lauble und mit einer Einführung von Ch. Bauer, hrsg. von Ch. Bauer, Th. Eggensperger und U. Engel (Collection Chenu Bd. 2), Berlin 2003, 23–25.
3 Vgl. ders., La J.O.C. au Saulchoir, in: ders., Chenu, La Parole de Dieu. II: L'Évangile dans les temps, Paris 1964, 23–25.
4 Vgl. M.-J. Mossand, Présence du Père Chenu à l'Action catholique ouvrière, in: L'hommage différé au Père Chenu. Introduction de C. Geffré, Paris 1990, 45–51.
5 Vgl. M.-D. Chenu, En état de mission (Deuxième Partie), in: ders., La Parole de Dieu. II: L'Évangile dans les temps, Paris 1964, 237–291.

gungen, die sich dieser missionarischen Herausforderung gestellt haben, die je auf ihre Weise versuchten, den veränderten Bedingungen des Christentums in der modernen Industriegesellschaft Rechnung zu tragen und neue Wege der Evangelisierung zu bahnen.[6]

Chenu verstand seine Theologie immer mehr als Begleitung und Reflexion einer Praxis der Verkündigung, die auf der Suche nach einem geschichtlich angemessenen Ausdruck des Wortes Gottes in der Gegenwart ist. So ist Chenu ein Vorreiter des theologischen Denkens des Zweiten Vatikanums und einer der wichtigsten Wegbereiter und Inspiratoren sozialethischen Denkens.[7]

In diesem gesellschaftlichen und biographischen Kontext verfasst Chenu seine Gedanken zur Spiritualität und Theologie der Arbeit. Chenus Theologie überwindet das zu seiner Zeit geltende neuscholastische Theologieverständnis. Dabei beruft er sich auf den katholischen Kirchenlehrer schlechthin: Thomas von Aquin. Dieser postuliert gegen einen starren Augustinismus die Eigenständigkeit der Natur und der menschlichen Vernunft. In »Le Saulchoir« hatte die historische Forschung bereits die Fähigkeiten der Vernunft erkannt und umgesetzt. Chenu genügte dies nicht. Die Forschung antwortete nicht auf die Herausforderungen des neuzeitlichen Denkens. Sie versagte angesichts der sozialen Frage und verkannte die wahre Lage der Menschen, v.a. die der Arbeiter, die massenweise der Kirche den Rücken zuwandten. Anstelle sich den Problemen der Gesellschaft zu stellen, ver-

---

6 Vgl. M. Heimbach-Steins, »Erschütterung durch das Ereignis« (M.-D. Chenu). Die Entdeckung der Geschichte als Ort des Glaubens und der Theologie, in: G. Fuchs / A. Lienkamp (Hrsg.), Visionen des Konzils. 30 Jahre Pastoralkonstitution »Die Kirche in der Welt von heute« (ICS-Schriften Bd. 36), Münster 1997, 103–121, hier 106.
7 Vgl. M.-D. Chenu, Kirchliche Soziallehre im Wandel. Das Ringen der Kirche um das Verständnis der gesellschaftlichen Wirklichkeit (Theologie aktuell Bd. 13), Freiburg/Schweiz – Luzern 1991.

suchte die Mehrheit der Theologen, das scholastische Lehrge-
bäude, das als geschlossenes, unveränderbares und immer gel-
tendes Denksystem für jede Frage eine Antwort parat hat,
aufrecht zu erhalten, zog sich aus dem gesellschaftlichen Diskurs
zurück und warf der Arbeiterschaft Apostasie vor.[8]

Chenu relativiert diesen eben formulierten Anspruch der theologischen Wissenschaft, indem der Glaube der Theologietreibenden und die historische Gebundenheit theologischen Denkens
in den Vordergrund treten.

Chenus theologische Reflexion geht vom Glauben aus, denn jeder Theologe ist zuerst Christ.

Die positive Theologie, d.h. die Arbeit am »donné révélé« (Offenbarung) erhält Vorrang vor spekulativen, wissenschaftlichen
Konstruktionen[9] und der Glaube wird zum Grund wissenschaftlich theologischer Arbeit. »Fides in statu scientiae« ist Chenus
Definition von Theologie,[10] d.h. Theologie ist wissenschaftlich
reflektierter Glaube und ein Faktor des spirituellen Lebens der
Theologietreibenden,[11] denn historisch und kontextuell gepräg-
ter als die kirchliche Lehre sind theologische Systeme. Diese hän-
gen von der Freiheit des Theologen ab, der sich nach freier Wahl
der Philosophie bedienen darf. Sie sind daher Ausdrucksformen
verschiedener Arten von Frömmigkeit, von Spiritualität.[12]

Aufgrund dieses Theologieverständnisses ist es nur konsequent,
sich vor bzw. im Rahmen des Versuchs einer »Theologie der Arbeit« über eine »Spiritualität der Arbeit« intensiv Gedanken zu
machen. Ihr hat Chenu auch eine separate Schrift gewidmet,

---

8   Vgl. ders., Le Saulchoir, 96.
9   Vgl. ebd., 112–121.
10 Ebd., 113.
11 Vgl. ebd., 141.
12 Vgl. ebd.

obwohl für ihn Spiritualität ein Teil der Theologie bzw. Auslöser aller theologischen Reflexion ist.

Spiritualität gehört für Chenu wesensmäßig zum Theologietreiben. Diese Erkenntnis reifte in ihm sehr früh. Schon 1907 als Novize in »Le Saulchoir«, v.a. vermittelt durch P. Gardeil, der intellektuelle Studien und das Leben im Konvent auf erstaunliche Weise miteinander in Verbindung brachte, entwickelte sich bei Chenu der Gedanke der Zusammengehörigkeit von Spiritualität und Theologie, der sein ganzes Leben prägte.[13]

So erklärt sich auch die Textauswahl dieses Bandes. Er enthält einerseits das Kapitel mit den theologischen Kernaussagen aus seinem Werk »Die Arbeit und der göttliche Kosmos« und einen von ihm verfassten Artikel, der die Grundzüge seiner Theologie der Arbeit systematisch darstellt. Doch am Anfang steht zunächst ein Kapitel aus seinem Werk »Spiritualité du travail«, was dem hohen Stellenwert der Spiritualität in seinem Denken gerecht wird. Dennoch ist aufgrund der eben beschriebenen Zusammenhänge die systematische Trennung nicht klar zu ziehen. Gedankengänge der beiden Werke und seines Artikels überlappen sich.

---

13   Vgl. Un théologien en liberté. J. Duquesne interroge le Père Chenu, Paris 1975, 41. [Das Interview liegt inzwischen auch in deutscher Übersetzung vor: Von der Freiheit eines Theologen. M.-D. Chenu im Gespräch mit J. Duquesne. Aus dem Französischen von M. Lauble (Collection Chenu Bd. 3), Mainz 2005; Anm. der Hrsg.]

I. Zur Konzeption der Theologie der Arbeit Chenus – Ziele, Konflikt und theologische Motivation

14 Das theologische Denken im 19. und Anfang des 20. Jahrhunderts war stark von einem sozialen Konservatismus geprägt. Hinter dieser Einstellung verbirgt sich eine große Ignoranz gegenüber dem Stellenwert der Arbeit innerhalb der Entwicklung menschlicher Gesellschaft. Man betonte bewusst die christliche Nächstenliebe zur Lösung der sozialen Spannungen. Damit wollte man durch eine moralische Haltung den Klassenkampf überwinden, ohne die wirtschaftlichen Strukturen zu ändern und über die Grundgegebenheiten des wirtschaftlichen und sozialen Aufbaus einer Gesellschaft nachdenken zu müssen. Chenu wehrt sich vehement gegen diese Haltung.

Er kritisiert, dass eine ernstzunehmende und fundierte »Theologie der Arbeit« in der christlichen Tradition fehlt und dass die christlichen Gelehrten bis heute diese menschliche Realität nicht in Betracht gezogen haben. Es wurde der Bußcharakter der Arbeit betont, ihren objektiven ökonomischen und menschlichen Wert und ihre Bezogenheit zur göttlichen Weltherrschaft erörterte man nicht. Chenu bleibt nicht bei dieser harten Kritik stehen, sondern stellt die Frage nach der Ursache dieses Mangels, der nicht nur in der Theologie, sondern auch in der Psychologie, Soziologie und Philosophie seiner Zeit zu diagnostizieren ist.

Eine Theologie der Arbeit, dasselbe gilt auch für eine Spiritualität der Arbeit, ist erst bei bewusster kollektiver Aufnahme der

Gesetzmäßigkeiten, der Ziele und der geschichtlichen Bedeutung des Phänomens möglich. Dies geschah im 19. Jahrhundert durch die Industrialisierung. Arbeit bot sich als neue Wirklichkeit dar, auf die eine theologische Reflexion unterschiedlich reagieren kann.

Aufgrund des technischen Wandels hat die Arbeit nicht nur den Zweck, die materiellen Bedürfnisse zu befriedigen, sondern Arbeit schafft auch soziale Energie, die Arbeit ist ein Humanisierungsfaktor.[14] Für eine theologische Reflexion sind das »großartige Ressourcen«, denn Arbeit ist dann nicht nur Schufterei, sondern Teil der »göttlichen Weltlenkung«[15].

Was das heißt, wird in den weiteren theologischen Reflexionen Chenus deutlich.

Ausgangspunkt einer Theologie der Arbeit muss die Bewusstwerdung des erlebten Arbeitsalltags sein. Die Maschine hat die Arbeit des Menschen umgewandelt und ein neues Zeitalter der Menschheit eingeläutet. Dies muss die Theologie anerkennen und nicht versuchen, die Entwicklungen zu blockieren. Anders ausgedrückt, es stellt sich die Frage, wie sie die persönliche und gesellschaftliche Rolle der Arbeit aufgrund des aktuellen technischen Fortschrittes und der massiven Veränderungen wirtschaftlichen Strukturen, gemäß einer Vision der Welt, die auf dem Gesetz der Inkarnation basiert, definiert.[16] Die Arbeit offenbart umfassend die soziale Natur des Menschen. Deshalb muss eine Theologie der Arbeit das spirituelle Potenzial der Arbeit in seiner ganzen Tiefe aufzeigen.

14 Vgl. M.-D. Chenu, Die Arbeit und der göttliche Kosmos, in diesem Buch, 55 [im Folgenden = AgK].
15 Agk, 55.
16 Vgl. M.-D. Chenu, Theologie der Arbeit, in diesem Buch, 69 [im Folgenden = ThA].

Definition des Arbeitsbegriffs

Die Arbeit ist in erster Linie mit der Produktion verbunden. Arbeiten ist im engeren Sinne Fabrizieren und Produzieren. Sie dient zur Befriedigung der wirtschaftlichen Bedürfnisse der Menschen. Die Arbeit des Geistes ist höherstehend als die Handarbeit. Diese Hierarchie bestätigt auch Chenu. Dennoch steht bei seinen Überlegungen die Handarbeit im Vordergrund, denn sie wird durch den Determinismus der Maschine bestimmt und bringt somit das Problem mit sich, dass die spirituellen Ressourcen, wie Autonomie des Bewusstseins, persönliche Freiheit, moralische Überzeugung, Kultur usw., bei der modernen Industriearbeit vollkommen brachliegen und dadurch Entfremdung herbeigeführt wird. Intellektuelle sind von diesem Problem nicht so stark betroffen. Diese Erkenntnis ist der Anknüpfungspunkt einer Spiritualität und damit auch einer Theologie der Arbeit, denn die Inkarnation des göttlichen Lebens muss zu dieser schweren Materie gelangen, die der Mensch bearbeitet. Alle sollen in der Lage sein, durch ihre Arbeit eine spirituelle Erfahrung machen zu können, d.h. sich als Urheber und Mitschöpfer zu verstehen, denn Gott ist für alle Mensch geworden.

Des Weiteren darf Arbeit nicht in erster Linie durch ihre subjektiven Ressourcen definiert werden, also nicht durch gute oder schlechte Absichten der Arbeiter, sondern muss aufgrund ihres objektiven Wertes, d.h. von deren Ergebnis her bewertet werden. Arbeit definiert in erster Linie ihr »finis operis«, die Vollkommenheit des Werkes, vor dem »finis operantis«, die Vollkommenheit des Arbeiters. Der Arbeiter arbeitet also zunächst für sein Werk, erst dann für sich selbst.[17] Er ist seinem Werk unter-

---

17   Vgl. ThA, 70.

worfen, er muss sich selbst vergessen und sich nicht nach seinen Absichten und moralischen Beurteilungen richten, sondern nach den Erfordernissen des Produktes.

Folglich drückt Arbeit eine menschliche Grundbefindlichkeit aus, denn um zu existieren, muss der Mensch sich inkarnieren, sich realisieren und sich hineinbegeben in die Materialität, also ein Werk schaffen, in dem er sich wieder erkennt. Auf die gleiche Weise braucht das Denken den Körper und die Sprache, um sich zu aktualisieren und ein Selbstbewusstsein zu entwickeln. Die große Lehre daraus ist, dass ein Werk nur in dem Maße hervorgebracht werden kann, in dem der Geist sich dabei selbst vergisst.[18]

Der Übergang vom Werkzeug zur Maschine als Kontext

Durch die Industrialisierung änderten sich die Bedingungen und Strukturen der Arbeit tiefgreifend. Der Übergang vom Werkzeug zur Maschine eröffnete nicht nur eine neue Wirtschaftsphase, sondern ein neues Zeitalter der Menschheit.[19] Neben der quantitativen Intensivierung – die Maschine produziert wesentlich schneller als ein Handwerker – erfolgt auch eine qualitative Umwandlung der Arbeit, die in ihrer Wirkung nicht unterschätzt werden darf. Arbeit ist nicht mehr bedrohlich, sondern dient der echten Menschwerdung und führt zu einer Umgestaltung, nicht nur der Lebensart der Einzelnen, sondern auch der Gesamtmenschheit. Bei diesem Aufeinandertreffen von Mensch

18 Vgl. ThA, 71.
19 Vgl. ThA, 75–76.

und Natur muss die neu entstandene Bedeutung der Arbeit erfasst werden.[20]

Die Folge des Übergangs vom Werkzeug zur Maschine nennt Chenu »dépersonnalisation«, Entpersönlichung[21], d.h. die Arbeit hängt immer weniger vom Arbeiter ab, sondern von der Funktionstüchtigkeit der Maschine. Die persönliche Vorstellung des Einzelnen von seinem Werk und seine Fertigkeiten spielen kaum eine Rolle mehr. Der Arbeiter gerät in Abhängigkeit der Maschine und ist nicht mehr Herr seiner Arbeit. Miserable Bedingungen, gesundheitsschädliche Tätigkeiten, Monotonie, zu lange Arbeitszeiten, Unterbezahlung, keine soziale Absicherung, kurz die Ausbeutung menschlicher Arbeitskraft um des Profites willen und die Verelendung des Proletariates sind die gesellschaftliche Realität. In der Industriegesellschaft ist Arbeit nicht in erster Linie eine Gelegenheit zur Vervollkommnung des Menschen, sondern die Produktion eines Werkes. Auf den ersten Blick erscheint dies als persönlichkeitszerstörende Objektverhaftung. Der Arbeiter schafft mehr für sein Werk als für sich selbst. Subjektive Ziele des Arbeiters, persönliche Auffassungen, politische Wünsche, Ansprüche und Forderungen treten in den Hintergrund.

Dennoch überlässt Chenu sich nicht der Hoffnungslosigkeit oder ruft wie Karl Marx zum Klassenkampf auf, sondern versucht eine positive Perspektive aufzuzeigen. Er verweist dabei auf die anthropologischen Aussagen in Psalm 8,6–7: »Du hast ihn nur wenig geringer gemacht als Gott, hast ihn mit Herrlichkeit und Ehre gekrönt. Du hast ihn als Herrscher eingesetzt über das Werk deiner Hände, hast ihm alles zu Füßen gelegt.« Dieser Vers be-

---

20   Chenu vertritt hier keinen naiven Fortschrittsoptimismus. Im Hintergrund steht die Fortschrittsidee Teilhard de Chardins.
21   Vgl. ThA, 78.

inhaltet keine moralische Forderung an den Einzelnen, die die Erzieherfunktion Gottes unterstreicht, sondern eine Perspektive, die die Herrschaft über die Materie für alle Menschen auf eine humane Art und Weise in Aussicht stellt. Er stellt eine legitime Hoffnung im Zeitalter eines massiven wirtschaftlichen Aufschwungs dar.[22]

Um dieser radikalen Wandlung des menschlichen Lebens und der Arbeit gerecht zu werden, muss man über die schon so oft analysierten psychologischen Modifikationen (Determinismus, Eintönigkeit, Schicht, Aufspaltung, Verzahnung, Ermüdung...) hinausgehen und sich den unter diesen Umständen vor sich gehenden gesellschaftlichen Prozessen zuwenden. Denn gerade unter den eben beschriebenen Modifikationen entwickeln Menschen die notwendige Solidarität und Christen entdecken den Wert der Bruderliebe (Nächstenliebe). Die Ambivalenz dieser Situation, d. h. erst in Notlagen werden Solidaritätspotenziale erschlossen, entsteht nicht nur aufgrund des persönlichen und gesellschaftlichen Versagens der Menschen, sondern aufgrund der Erbsünde, die göttliche und menschliche Ziele verdeckt hat. Um diese Spannung aufzudecken, die Chenu theologisch-anthropologisch grundgelegt hat, müssen die Güter und die Sachverhalte, denen diese Spannung droht, erkannt werden, im Wissen darum, dass sie aufgrund der fortdauernden Inkarnation Orte und Gegenstand der Gnade Christi sind. Deswegen ist die Arbeitswelt soziologisch gesprochen, nicht aber geografisch, ein Missionsgebiet.[23]

Die Dinge der Welt in ihrer eigenen Logik zu verstehen, ökonomische und soziale Bedingungen und Strukturen zu betrachten, Ideologien zu entlarven, den technischen Fortschritt zu deuten,

---

22 Vgl. ThA, 79.
23 Vgl. ThA, 79f.

führt zu einer neuen Epoche der Humanität und zur Eröffnung eines neuen Feldes für die Katechese: Die Arbeiterschaft, deren Existenz am Fortschreiten und am Erfolg dieser Vorgänge hängt. Eine Theologie und Spiritualität der Arbeit muss also bei der Entwürdigung der Arbeiter ansetzen, darf aber dabei die Gesetze einer funktionierenden Wirtschaftsordnung nicht ignorieren. Chenu fordert für die Industriegesellschaft eine Rückbesinnung auf die Natur des Menschen. Wenn die Situation der Erdrückung des Menschen durch die Maschine überwunden werden soll, ist dies nur durch einen Menschen möglich, der die Natur des Menschen geistig und sittlich bis zur letzten Konsequenz ernst nimmt. Diese Änderung ging mit der Entstehung des Proletariates einher. Rationalisierung, Profitmaximierung, Konzentration der Menschenmassen und der geschichtliche Verlauf haben eine Lage erzeugt, die zur Reflexion der menschlichen Arbeit auffordert. Unter dem Druck der wissenschaftlichen Entdeckungen und der Entwicklung der Technik vollzog sich eine Wandlung des Arbeitsbegriffs. Dies verursachte die bewusste Auseinandersetzung mit dem Phänomen Arbeit. Das Proletariat wurde der Nährboden dieser Bewusstseinsbildung. Es bildete sich nicht nur ein revolutionäres Bewusstsein, sondern auch ein wissenschaftliches.[24]

Ein erstes Zeichen der bewussten Aufnahme des Arbeitsbegriffs in die wissenschaftliche Theologie sieht Chenu im Wandel der Redeweise über diese Problematik, den er durch einen Vergleich der beiden Sozialenzykliken *Rerum novarum* und *Quadragesimo anno* belegt. Leo XIII. spricht in seinem Rundschreiben *Rerum novarum* (1891) noch von der »Lage der Arbeiter«[25], während Pius

---

24 Vgl. AgK, 60.
25 Das ganze Dokument behandelt die Arbeiterfrage. Der Ausdruck selbst befindet sich in RN Nr. 44: Bundesverband der katholischen Arbeitnehmer-Bewe-

XI. in seiner Enzyklika *Quadragesimo anno* (1931) die »Entproletarisierung des Proletariates«[26] thematisiert.

Theologische Motivation: Vernachlässigung der Verwirklichung des Reiches Gottes

Die Christen reagierten im Hinblick auf die Industrialisierung mit Misstrauen und Feindschaft. Sie hielten sich aus den gesellschaftlichen Angelegenheiten heraus und waren quasi abwesend bei der Entwicklung neuer Strukturen, Arbeitsweisen und Technologien. Sie hegten tiefe spirituelle Besorgnis gegen den Einfluss und den Zauber der ökonomischen Produktion, gegen den Rausch des Reichtums und der Überbetonung der irdischen Belange. Gemäß ihrer Überzeugung wurde der Mensch geschaffen, um die Erde nutzbar zu machen und sie zu beherrschen. Der Christ partizipiert nicht am Wirken Gottes, denn dieses lehnt die beherrschende Stellung der Materie ab, die die Industrialisierung mit sich bringt. Der Christ ist davon überzeugt, dass die Inkarnation Gottes alle Werte transponiert hat, ohne die natürlichen Gesetze des Lebens in Gemeinschaft zu zerstören.[27] Die messianische Hoffnung versichert den Menschen eine spirituelle Freiheit, die die engen Netze der Gesellschaft auf keinen Fall vermindern können.[28] Diese innere Verzweiflung führt einerseits zu einer unvergleichbaren Erkenntnis des gnädigen Gottes und

gung Deutschlands – KAB (Hrsg.), Texte zur Katholischen Soziallehre. Die sozialen Rundschreiben der Päpste und andere kirchliche Dokumente, 8. erw. Auflage, Bornheim–Kevelaer 1992, 35.

26   QA Nr. 59–62: ebd., 83–85.

27   Vgl. M.-D. Chenu, Die Christen und die Arbeit, in diesem Buch, 39 [im Folgenden = ChA].

28   Vgl. ChA, 40.

des leidenden Christus[29], andererseits zu einer gesellschaftlich unverantwortbaren Zurückgezogenheit der Christen, die mit einem weltfremden Spiritualismus einhergeht. Die größte Herausforderung der Christen ist es aber, das Reich Gottes auf Erden zu verwirklichen. Hier kritisiert Chenu einige Generationen von Christen, die den Auftrag, das göttliche Leben in die ökonomischen und sozialen Strukturen einzuführen, verweigert haben, denn wenn die Armen nicht mehr die frohe Botschaft erhalten, ist das ein Zeichen, dass das Reich Gottes fern ist.[30]

Die Ignoranz gegenüber der menschlichen Arbeit, sowohl der Massen als auch der Eliten, ist eine bedauernswerte Konsequenz dieses Verfalls. Das Heilmittel befindet sich nicht in einer doktrinären und praktischen Konkurrenz der »materialistischen Soziologien der Produktion«[31]. Ganz im Gegenteil, es sind die spirituellen Ressourcen des christlichen Lebens, mit deren Hilfe wir die Regeln und die Wertschätzung der irdischen Arbeit gemäß ihres ganzen kollektiven Ausmaßes, das sie in der zeitgenössischen Zivilisation einnimmt, suchen. Das Bewusstsein von der überragenden Würde der Arbeit ermöglicht den Menschen, ein tieferes Verständnis des göttlichen Lebens und eine realistischerer Sicht des Reiches Gottes.[32]

---

29   Vgl. ChA, 40.
30   Vgl. ChA, 40f.
31   ChA, 41.
32   Vgl. ChA, 41.

II. Theologische Reflexion der Arbeit

II.1. Spiritualität der Arbeit

Arbeit als Folge des Sündenfalls und als Macht der Heiligung

Die Menschen verbinden mit ihrer Arbeit Zwang, Müdigkeit und Leiden. Arbeit wird von jeher mit Schmerz verbunden. Dieser Schmerz ist die Folge des Sündenfalls.[33] Diese Erfahrungswelt der Menschen nimmt auch Chenu in seine Reflexion auf. Arbeit bleibt unter dem Fluch. Gott übergibt nach sechs Tagen Arbeit dem Menschen die Welt zur Herrschaft (Gen 1,28). Der Missbrauch dieser Herrschaft im Sündenfall ist der Grund, warum die nährende Mutter Erde heute eine Rabenmutter ist, die nichts als Dornen und Disteln hervorbringt. Die Maschine, die den Menschen befreien soll, unterwirft ihn. Der industrielle Fortschritt wird zu einem Instrument des Krieges und der Zerstörung. Eine überreichliche Produktion verdammt einen Teil der Arbeiter zur Arbeitslosigkeit. Gleichzeitig hungern viele Menschen auf der Welt. Die Menschheit wird von der Sünde überwältigt.[34]

Die christliche Tradition bleibt nicht bei diesem Pessimismus stehen, denn der andere Pol der Erbsünde ist die Erlösung. Zwischen diesen zwei Polen nimmt die Arbeit ihre Stellung ein. Der Christ findet in der Erfahrung dieser Spannung den Sinn seiner Arbeit und des Schmerzes, den er dabei erträgt. Durch die Arbeit hat der Mensch Anteil am leidenden Christus. Diese gemeinsame

---

33   Vgl. ChA, 41f.
34   Vgl. ChA, 42.

Sühne befreit den Menschen von seiner Sünde und aus seiner Knechtschaft.[35]

Die sozialistischen Strömungen aller Art haben diese Lehre heftig kritisiert und lehnen jede Erniedrigung der Arbeit ab. Sie ignorieren in ihrem »Travaillismus«, dass die christliche Sicht der Arbeit von Sünde und Erlösung bestimmt ist. Sie haben keine humane und spirituelle Erfahrung. Sie finden in einem heroischen Messianismus den Sinn der Erlösung der arbeitenden Menschheit; aber ihr Messianismus ohne Messias ist nur eine großmütige Illusion, die zu grausamen Katastrophen führt.[36]

Der Arbeit wohnt aus christlicher Sicht, trotz ihrer Ambivalenz, eine positive Macht der Heiligung, der göttlichen Ausdehnung durch die menschlichen Werke, inne. Und kein menschliches Werk ist von dieser Präsenz Gottes ausgeschlossen. Durch die Menschwerdung Gottes in der Person Jesu von Nazareth bekommt die Arbeit ganz andere Qualität. Dadurch, dass Gott Mensch wird, ist der ganze Mensch Materie der Gnade, also nicht nur die Seele. Daraus folgt: Wenn die Arbeit der Menschenwürde entspricht, und auch nur dann, tritt sie in die Ordnung der Gnade ein, d.h. sie wird Teil der göttlichen Ordnung. Die andauernde Inkarnation, der mystische Körper Christi, setzt sich durch sie fort. Arbeit ist dann ein klassisches Thema einer Spiritualität, in der die Welt der Arbeit ihr Gleichgewicht und ihren christlichen Ort finden muss.[37]

Alle Elemente des menschlichen, christlichen Lebens, so unterschiedlich sie auch sind, sind vom Geist Gottes durchdrungen. Hat die Arbeit einen derart hohen Stellenwert sowohl im persönlichen Leben als auch in den gesellschaftlichen Organisationen,

---

35   Vgl. ChA, 42f.
36   Vgl. ChA, 43.
37   Vgl. AgK, 62.

ist sie ein privilegierter Ort der Gnade Gottes. Die Arbeit ist ein heiliges Werk.[38] Sie liefert eine hervorragende Materie für die Entwicklung des göttlichen Lebens in der Menschheit; sie ist selbst eines der Instrumente, mit Hilfe derer sich die Wohnung Gottes auf der Erde erbaut; sie realisiert einen Teil des göttlichen Plans, indem sie dazu beiträgt, das Reich Gottes zu verwirklichen. Dank der Arbeit wird eines Tages der neue Himmel und die neue Erde kommen.[39]

Deshalb hat Arbeit jeglicher Art einen religiösen Wert, denn Gott bindet den Menschen durch seine Arbeit in seine Schöpfung und die Erlösung ein. Die Berufung zur Heiligkeit realisiert sich durch die natürliche Berufung zur mühsamen Arbeit.[40] Chenu warnt davor, Arbeit und Heiligkeit zwei unterschiedlichen Welten zu zuordnen, wie es in früheren theologischen Traditionen, v.a. in der Neuscholastik, üblich war. Arbeit und Heiligkeit, *actio* und *contemplatio* gehören zusammen und unterliegen keiner Rangordnung.[41] Das Beispiel Christi versichert uns, dass die Handarbeit keine schlechte Voraussetzung für die Heiligkeit ist.[42]

Arbeit als persönliche Berufung

Durch die Arbeit realisiert der Mensch den Schöpfungsplan Gottes und heiligt die Welt. Damit tritt er in die göttliche Vorsehung ein. So verbindet Chenu den profanen Beruf mit der religiösen

---

38   Vgl. ChA, 44f.
39   Vgl. ChA, 44.
40   Vgl. ChA, 45.
41   Vgl. ChA, 45f.
42   Vgl. ChA, 46.

Berufung.[43] Die Berufung ist der Ruf Gottes, der zu einem dialogischen Verhältnis mit ihm führt. In der christlichen Gemeinschaft drückt sie sich durch ein persönliches Verhältnis der einzelnen Personen zueinander aus: ein Austausch der Liebe, wo jeder bei seinem Namen gerufen wird.[44]

Chenu verweist auf das Hohelied der Liebe, das genau diese Berufung der Christen beschreibt. Menschliche Arbeit ist daher ein prädestinierter Ort der schmerzhaften und triumphalen Konfrontation des Menschen mit der Natur. Die fremde Natur ist der Ort zur Wiederentdeckung der Liebe Gottes.[45] Arbeit ist der Erfahrungsort der Liebe Gottes. Als Ort der Gotteserfahrung hat sie persönliche, religiöse Relevanz für den eigenen Glauben und die eigene Spiritualität, ist aber in dieser Eigenschaft auch Thema einer systematisch-theologischen Reflexion, die diese religiösen Erfahrungen reflektieren muss. Diese spirituelle Dimension der Arbeit muss trotz Technisierung und Rationalisierung entdeckt werden und subversive Kräfte freisetzen. Hier wird nochmals ganz deutlich, dass Theologie nach dem Verständnis Chenus eine spirituelle Grundhaltung voraussetzt.

---

43 Vgl. ThA, 89f.
44 Vgl. ThA, 90f.
45 Vgl. ThA, 91.

II.2. Systematisch-theologische Deutungen der Arbeit

Arbeit als Teilhabe am Schöpfungswerk Gottes – Der Mensch im Horizont zweier Welten

Arbeit verbindet den Menschen als Mikrokosmos mit dem Universum, dem Makrokosmos. Sie ist das Bindeglied zwischen Mensch und Universum.[46] Der Mensch ist dem Plan Gottes gemäß der Herr des Universums. Dies ist seine Berufung nach der Offenbarung der Genesis.[47] Gott hat aber kein fertiges Universum geschaffen, sondern den Menschen zum Mitarbeiter an der Schöpfung berufen, zum Herrn und Baumeister der Natur. Er hat ihn zum Teilhaber am göttlichen Tun gemacht, auch noch in riskanten Momenten.[48]

Das Wagnis, dass dieser Mensch die Erde durch seine Arbeit und sein Handeln ausbeutet und zerstört bzw. den Plan Gottes entstellt, nimmt Gott in Kauf. Chenu sieht auch die Maschine als Werkzeug für dieses schöpferische Tun des Menschen.[49]

Die Schöpfung ist also ein andauernder Prozess.[50] Der Mensch nimmt durch seine Arbeit an diesem Prozess teil. Er gestaltet seine Lebenswelt, verändert diese z.B. durch Kultur und Weiterentwicklung der Technik. Er ist freier und verantwortlicher Bevollmächtigter der Schöpfung, die in Gott ihren Ursprung hat,

---

46 Vgl. ThA, 71f.
47 Vgl. AgK, 61.
48 Vgl. ThA, 82f.; AgK, 61.
49 Vgl. AgK, 61.
50 Vgl. ThA, 83.

aber vom Menschen fortgeführt wird. Die Schöpfung ist dem Menschen übergeben, damit er sie durch seine Arbeit vollende.[51] Arbeit ist nicht nur ein Bindeglied zwischen Mensch und Universum, sondern auch ein Bindeglied zwischen Leib und Seele des Menschen. Sie ermöglicht eine Verschmelzung von Geist und Materie. Sie ist Ausdruck der Einheit von Leib und Seele. Zwischen Materie und Geist ist zwar ein unüberbrückbarer Abgrund, aber der Mensch ist aufgrund seiner Beschaffenheit genau das Wesen, das die Fähigkeit besitzt, das Mysterium des Geistes in der Geschichte zu tragen.[52]

Durch die Arbeit vereinen sich die Technik und die bewusstgewordene Freiheit. Die Vernunft, die die technische Produktion hervorbringt, ist trotz des Unterschiedes in Methode und Funktionen die gleiche, die bei der Kontemplation am Werk ist.[53] Arbeit ist also ein Zeichen der Einheit von Leib und Seele bzw. von *actio* und *contemplatio*. Durch Arbeit wächst nicht nur die innere Größe des Arbeiters, die ganze Natur schwärmt durch sein Werk. Geist und Materie werden im Arbeitsprozess eins.

Arbeit als Gestaltung der Materie, als Begegnung mit der Natur, als Ausdruck der Einheit von Mensch und Universum und von Leib und Seele, ist das Mittel zur Fortsetzung der Schöpfung Gottes. Der Mensch als Gottes Ebenbild wird zum Mitarbeiter Gottes und realisiert die *consecratio mundi*, die von Chenu bereits angesprochene Heiligung der Welt.[54] Dies ist das große Werk, das die Christen in den profanen Fabriken leisten. Arbeit ist ein *actus humanus*, ein Tun, das der Gottebenbildlichkeit des Menschen entspricht.[55]

---

51 Vgl. ThA, 85.
52 Vgl. AgK, 58.
53 Vgl. AgK, 62.
54 Vgl. ThA, 88 u. 90.
55 Vgl. ThA, 93f.

Arbeit als Ort menschlicher Solidarität und Mittel der Fortsetzung der Inkarnation

Arbeit steht, aufgrund ihrer neuen sozialen Kraftentfaltung, in einem schöpferischen Dienst, den die ganze Menschheit vollzieht. Arbeit steht im Zusammenhang der Entwicklung der ganzen Gesellschaft. Sie wird zum »Drehlager einer ›Vergesellschaftung‹«[56]. Die Zwänge, denen die Arbeit unterliegt, setzen ein hohes Solidaritätspotenzial frei, der Arbeiter fühlt sich einem menschlichen Netzwerk zugehörig, indem alle auf dasselbe Ziel hinarbeiten und das es gilt humaner zu gestalten.

Dieses Bewusstsein für soziale Prozesse in der Arbeitswelt hat sowohl den Betriebsleiter als auch den einfachen Arbeiter, trotz vielschichtiger Probleme und eines Desinteresses der Betriebsleiter am Schicksal der Arbeiter, ergriffen. Produzieren darf nicht nur um des Profit willens geschehen, sondern hat auch humane Ziele, im Sinne der Befriedigung individueller und kollektiver Bedürfnisse. Für Chenu sind »Dogmen« des liberalen Industrialismus zum Scheitern verurteilt; Arbeit wird zum Instrument der Befreiung.[57]

Die Arbeit als Ausdruck der Einheit von Leib und Seele ist ein Faktor der Geschichte. Die Zeit ist das Terrain, der Maßstab, das Medium, in dem die Umwandlungen, Wirksamkeiten und Ziele unserer Arbeit realisiert werden. In der Evolution des Kosmos hat der Mensch sich zunächst anatomisch entwickelt, bei der Evolution der Welt entfaltet der Mensch seine soziale Struktur. Bei diesem Prozess ist Arbeit von höchster Bedeutung. Arbeit ist Triebkraft innerhalb der Gesamtgeschichte.[58]

---

56 AgK, 56.
57 Vgl. AgK, 55.
58 Vgl. AgK, 58f.

Die Arbeit ist ein Humanisierungsfaktor und trägt zur Gestaltung der Gesellschaft und zur Entwicklung eines Gemein-
schaftsbewusstseins bei. Selbst wenn die Arbeit im Maschinen-
zeitalter äußerste physische und psychische Konzentration
erfordert und die Arbeitenden unter Druck setzt und sie ausge-
beutet werden, entwickelt sich in den Betrieben dennoch, moti-
viert durch den alle Werksangehörige umfassenden und bedrän-
genden Zwangszustand, das Gefühl der Zusammengehörigkeit,
eine Art Solidarität von hohem menschlichem Wert. Es findet
eine Verinnerlichung statt, langsam tritt das Bewusstsein unter
den Arbeitern hervor, an einem gemeinsamen Werk zu arbeiten,
das den Arbeitern das Gefühl vermittelt, zur menschlichen Gemeinschaft dazuzugehören und ein nützlicher Teil von ihr zu
sein. Das heißt, unter dem Zwang entsteht eine Art Freiheit, die
durch das Gefühl der Zugehörigkeit gespeist ist. Das ist das Gesetz der Gemeinschaft, das die Soziologen untersuchen.[59]
Somit sind in einem Betrieb alle auf eine spirituelle Art und
Weise miteinander verbunden. Daraus ergibt sich ein noch nie
erlebtes soziales Klima, doch dazu braucht es noch dringend
Strukturreformen[60], damit solche Gemeinschaften entstehen
können.
Vergesellschaftung funktioniert nach Chenu dadurch, dass
durch die abstumpfende Arbeit an der Maschine der Mensch
entpersönlicht wird, aber gerade dadurch wird dem Menschen
eine Solidarität auferlegt und es entsteht eine vergesellschaftete
Industriekultur.[61]
Chenu misst dem Prozess der Sozialisation, der Vergesellschaftung der Arbeiter, eine immense Bedeutung bei, denn er ist der

---

59   Vgl. AgK, 56.
60   Vgl. AgK, 57.
61   Vgl. ThA, 95f.

Ort einer neuen Inkarnation des Evangeliums. Wenn der Mensch durch seine Arbeit Anerkennung und gesellschaftliche Integration erfährt, wird Vergesellschaftung zu einer Kraft der Befreiung. Genau dieser Prozess widerfuhr dem Proletariat mit all seiner Ambivalenz.[62] Denn erst durch diesen Bewusstseinsprozess ändern sich die gesellschaftlichen Strukturen und eine spirituelle und theologische Reflexion kann Frucht tragen.

Dieser Prozess der Vergesellschaftung hat die Christen überrascht, denn er berührt die zentrale Forderung des Evangeliums, die Nächstenliebe. Das Milieu der Arbeiter ist aber kein Ort, an dem Nächstenliebe hilft.[63] Gerechtigkeit ist für Chenu ein Wert, der seinen Blick auf gesellschaftliche Strukturen richtet. Die entstandene Solidarität richtet sich gegen die Entpersönlichung und Ausbeutung der Arbeiter, gegen die Konzentration der Fabriken und fordert die Entwicklung menschenwürdiger, wirtschaftlicher Strukturen.[64] So ist Arbeit ein Ort der Gerechtigkeit als strukturelle Dimension der Nächstenliebe und der Inkarnation des Evangeliums, ein Ort, an dem weltlicher Beruf und geistliche Berufung durch gegenseitige Bereicherung zur Realisierung des mystischen Leibes Christi bzw. des Reiches Gottes durch den Aufbau einer Welt, in der die menschliche Arbeit zum Reifungsprozess der Schöpfung und zur Vollendung des Ruhmes Gottes, beitragen.[65] Chenu kritisiert, dass die Christen zu wenig Offenheit für die Veränderungen in der Arbeitswelt zeigen, dass aber gerade diese neuen Entwicklungen ein neuer Ort für die Evangelisierung wären.[66]

---

62 Vgl AgK, 55f.
63 Vgl. ThA, 96.
64 Vgl. ThA, 97.
65 Vgl. ThA, 100f.
66 Vgl. ThA, 100.

Die Sozialisierungsprozesse in der Arbeitswelt sind also der Ort einer neuen Inkarnation des Evangeliums. Diese Prozesse müssen immer wieder neu vonstatten gehen. Inkarnation ist eine ständige Herausforderung für die Christen. Durch die Menschwerdung Gottes in Jesus von Nazareth, der auch in der Arbeit dem Menschen gleich war, erlangt die Arbeit einen immensen Stellenwert. Sie ist Ort des Glaubens, der Spiritualität und der theologischen Reflexion.

Die Erlösungsbedürftigkeit der Arbeit

Chenu stellt den Klassenkampf und die unmenschlichen Arbeitsbedingungen in den Fabriken fest. Die Realität der Arbeiterschaft ist weit von einer Werkgemeinschaft mit einem gemeinsamen Ziel und einem Zusammengehörigkeitsgefühl entfernt. Für den Christen ist diese Diskrepanz nicht überraschend, denn er weiß, dass die Sünde den Menschen aus dem irdischen Paradies getrieben hat und seine Arbeit den Fluch Gottes auf sich gezogen hat (Gen 3,17–19). Daher bedarf die Arbeit wie auch alle anderen Dinge, einschließlich der Liebe, der Erlösung. Die innere Natur und Struktur der Arbeit bleibt durch den Sündenfall erhalten, daher auch jene Form der Arbeit, die durch Ausbeutung der Arbeiter und Missbrauch ihrer Arbeitskraft, Kräfte zur Vergeistigung auslöst und die Menschen durch ihre gemeinschaftliche Arbeit zu gemeinsamen Unternehmungen veranlasst.[67] Hier zeigt Chenu die Ambivalenz der menschlichen Arbeit auf. Sie kann den Menschen entpersonalisieren, ihn erniedrigen. Dies ist gerade in den Fabriken der Fall. Aber genau diese Erniedri-

---

67   Vgl. AgK, 57.

gung und dieses Leid setzt bei den Arbeitern gemeinschaftsstiftende Kraft frei und führt zu ihrer Befreiung. Dennoch bleibt die Arbeit, wie der Mensch als Ganzer, immer erlösungsbedürftig.

Arbeit unter eschatologischem Vorbehalt

Wenn Arbeit erlösungsbedürftig ist, steht sie, wie alles menschliche Tun, unter dem eschatologischen Vorbehalt. Der Mensch soll nach seinen Kräften zur Realisierung des Reiches Gottes, zur Fortführung der Inkarnation beitragen, aber sich auch bewusst sein, das dies nur unvollkommen möglich ist. Dies soll aber auf keinen Fall zur Gleichgültigkeit gegenüber den irdischen Belangen führen. Man muss hier einen zu großen Optimismus zügeln, sonst führt dies zu Naivität und Irrtum.[68] Der Mensch muss seine Grenzen erkennen, auch wenn er durch seine Arbeit am Schöpfungs- und Erlösungswerk Christi teilhat. Er steht vor der Herausforderung, bei der Gestaltung der irdischen Wirklichkeit durch seine Arbeit die Zukunftsperspektive, die eschatologische Perspektive, das Kommen des Reiches Gottes nicht außer Acht zu lassen.

Christologische Perspektive

Arbeit ist aktive und freie Teilhabe am Schöpfungswerk Gottes und an der göttlichen Führung der Welt. Gleichzeitig vervollkommnet sich der Mensch durch die Begegnung mit der Natur und führt diese zu ihrer Vollendung und zu ihrer Bestimmung,

---

68   Vgl. AgK, 62.

indem er sie zu Gott zurückführt, zu seinem Geist und seiner Liebe. Dies kann der Mensch aber nur durch Christus bewirken.[69] Chenu kritisiert die verengte theologische Sicht der Inkarnation Christi, denn Christus ist nicht gekommen, um die Seelen zu retten, sondern die Menschen, und nicht nur die Menschen, sondern die ganze Welt. Unter Berufung auf Röm 8,18–23 betont er nochmals, dass Christus auch die Materie erlöst hat. Somit sind alle menschlichen Werke in Christus zusammengefasst und in sein Erlösungswerk, in sein Mysterium eingetreten. Alle menschlichen Werke haben Anteil am Erlösungswerk Christi. Der gläubige Mensch ist sich dessen bewusst und weiß aus dem Tod und der Auferstehung Christi heraus zu leben.[70]

Hier zeigt sich klar der christologische Zugang zur Theologie der Arbeit. Die menschliche Arbeit, die theologisch gedeutet Teilhabe des Menschen am Schöpfungs- und Erlösungswerk Jesu Christi, d.h. Mittel der *creatio* und *incarnatio continua* ist, bekommt ihre besondere Würde bzw. eine göttliche Qualität durch das Leiden, Sterben und die Auferstehung Christi. Die Ambivalenz der menschlichen Arbeit wird, aufgrund der Chenuschen Deutung des Opfers Jesu Christi, als Lob, Opfer und Befreiung, nicht ausgelöscht, sondern quasi überstiegen und mit erlöst.

Diese christologische Kontinuität der Arbeit erlaubt es den Christen nicht, dem Mythos einer theokratischen Wirtschaftsordnung anheim zu fallen, sondern, der Transzendenz der Gnade und des Reiches Gottes gewiss, kirchliche Sendung und berufliches Engagement zu unterscheiden und zu koordinieren.[71]

Unumstrittener Verdienst Chenus ist, dass er einen theologischen Begriff von Arbeit entwickelt hat, der es verständlich

---

69 Vgl. ThA, 101.
70 Vgl. ThA, 103.
71 Vgl. ThA, 103f.

macht, dass Theologie und Glaube etwas mit Arbeit zu tun haben, weil die Arbeit eine Heilsdimension hat.

Des Weiteren hat Chenu trotz aller Widerstände Geschichtsbewusstsein und Zeitgenossenschaft als Reflexionskategorien wieder in die Theologie eingeführt. Somit gilt er als Wegbereiter und Vordenker des Zweiten Vatikanischen Konzils. Diese Leistung soll auf keinen Fall geschmälert werden. Er beweist in seinen Ausführungen sowohl seine Verwurzelung in der theologischen Tradition durch seine exzellenten Thomas-Kenntnisse, als auch einen scharfen Blick für die gesellschaftlichen und geistesgeschichtlichen Vorgänge und Diskussionen seiner Zeit. Darin liegt die Genialität Chenus, die vorbildhaft für zukünftiges Theologietreiben ist.

ABKÜRZUNGEN

AgK = Die Arbeit und der göttliche Kosmos

ChA = Die Christen und die Arbeit

ThA = Theologie der Arbeit

LITERATUR

BUNDESVERBAND DER KATHOLISCHEN ARBEITNEHMER-BEWEGUNG DEUTSCHLANDS – KAB (Hrsg.), Texte zur Katholischen Soziallehre. Die sozialen Rundschreiben der Päpste und andere kirchliche Dokumente, 8. erw. Auflage, Bernheim–Kevelaer 1992.

M.-D. CHENU, La J.O.C. au Saulchoir, in: ders., La Parole de Dieu. II: L'Évangile dans les temps, Paris 1964, 23–25.

–, En état de mission (Deuxième Partie), in: ders., La Parole de Dieu. II: L'Évangile dans les temps, Paris 1964, 237–291.

–, Kirchliche Soziallehre im Wandel. Das Ringen der Kirche um das Verständnis der gesellschaftlichen Wirklichkeit. Aus dem Französischen von Kuno Füssel (Theologie aktuell Bd. 13), Freiburg/Schweiz – Luzern 1991.

–, Le Saulchoir. Eine Schule der Theologie. Aus dem Französischen von M. Lauble und mit einer Einführung von Ch. Bauer, hrsg. von Ch. Bauer, Th. Eggensperger und U. Engel (Collection Chenu Bd. 2), Berlin 2003.

–, Die Christen und die Arbeit, in: ders., Theologie der Arbeit. Aus dem Französischen von M. Lauble und mit einer Einführung von S. Sailer-Pfister, hrsg. von Ch. Bauer, Th. Eggensperger und U. Engel (Collection Chenu Bd. 5), Ostfildern 2013, 37–51.

–, Die Arbeit und der göttliche Kosmos, in: ders., Theologie der Arbeit, a.a.O., 53–63.

–, Theologie der Arbeit, in: ders., Theologie der Arbeit, a.a.O., 65–105.

Un théologien en liberté. J. DUQUESNE interroge le Père Chenu, Paris 1975.

Von der Freiheit eines Theologen. M.-D. Chenu im Gespräch mit J. DUQUESNE. Aus dem Französischen von M. Lauble (Collection Chenu Bd. 3), Mainz 2005.

M. HEIMBACH-STEINS, »Erschütterung durch das Ereignis« (M.-D. Chenu). Die Entdeckung der Geschichte als Ort des Glaubens und der Theologie, in: Gotthard Fuchs / Andreas Lienkamp (Hrsg.), Visionen des Konzils. 30 Jahre Pastoralkonstitution »Die Kirche in der Welt von heute« (ICS-Schriften Bd. 36), Münster 1997, 103–121.

---, Einmischung und Anwaltschaft. Für eine diakonische und prophetische Kirche, Ostfildern 2001.

M.-J. MOSSAND, Présence du Père Chenu à l'Action catholique ouvrière, in: L'hommage différé au Père Chenu. Introduction de Claude Geffré, Paris 1990, 45–51.

WEITERFÜHRENDE LITERATUR

S. SAILER-PFISTER, Theologie der Arbeit vor neuen Herausforderungen. Sozialethische Untersuchungen im Anschluß an Marie-Dominique Chenu und Dorothee Sölle (Ethik im theologischen Diskurs Bd. 12), Berlin 2006.

M.-Dominique Chenu

Die Christen
und die Arbeit

Warum sollten wir es verschweigen? Angesichts der intensiven Ausbeutung der Welt durch den modernen Industrialismus erlebt der Christ so etwas wie ein Zurückweichen, eine Art Zögern, das er nie vollständig überwinden zu können scheint. Da gibt es zunächst eine Haltung der Abwehr gegen eine soziale Struktur, deren Triebfedern und Bestrebungen sozusagen zur Kriegsmaschine gegen sein Christentum geworden sind. Dass er in dem Augenblick, da diese Bestrebungen und Strukturen aufkommen, abseits steht, deutet darauf hin, dass sie von feindlichen Kräften in Beschlag genommen wurden; immerhin begegnet der Christ ja tatsächlich auf Schritt und Tritt da, wo aus der »Arbeit« Organisationen und Institutionen entstanden sind, einem Misstrauen, ja einer Feindseligkeit, hinter denen er die mehr oder weniger bewusste materialistische Leugnung Gottes, seiner Seele und seiner Freiheit erkennt. Wie sollte er sich da nicht sträuben?

Es gibt aber auch eine noch tiefer sitzende geistige Abneigung gegen diesen Nimbus der ökonomischen Produktion, gegen diesen Rausch des irdischen Reichtums und der irdischen Sorgen. Der Mensch ist geschaffen, um die Erde zu nutzen und über sie zu herrschen; wenn er Christ ist, hat er aber auch teil am Leben Gottes, das von ganz anderem Maß ist als jene materielle Herrschaft. Er weiß: Dass Gott in Christus auf die Erde gekommen ist, ist eine Umwertung aller Werte; sein Kommen hat die natürlichen Gesetze des Lebens in Gesellschaft nicht verletzt, sondern ihre Ordnung durch seine Gegenwart und seine Liebe erweitert. Armut und Leiden bekommen einen Sinn, weil sie dem neuen Geist dienen können, weil die Seele der Stumpfheit des Wohlbefindens entrinnt, während der Erwerb der materiellen Güter Neid, erbitterten Kampf und wilde Begehrlichkeit erzeugt. Die Kontemplation ist kostenlos und wird, was noch besser ist, zugänglich für jedermann, denn die Inbrunst, die sie weckt, gibt nichts auf die menschlichen Verhaltensregeln; die große messianische Hoffnung erhebt die Seelen und schenkt ihnen eine geistige Freiheit, die das engmaschige Netz der Gesellschaft nicht mindern kann. Schließlich führt uns vielleicht jene innere Not, jene Unordnung, die wir inmitten der schönsten Erfolge plötzlich tief im Herzen spüren, doch zu einer unvergleichlichen Erkenntnis des barmherzigen Gottes und des leidenden Christus. Das ist doch etwas ganz anders als all unsere Lobgesänge auf die Produktion! Der Mensch, der von einer großen Liebe erfasst ist, kann für das, was nicht seine geheime Glut nährt, nur Gleichgültigkeit empfinden.

Daher spüren wir Christen eine gewisse Ungeduld gegenüber selbst den solidesten Wirtschaftsplänen; weil wir das Streben und das Elend des Menschen nur zu gut kennen, wissen wir schon im Voraus, dass all die schöne Arbeit in dem Maß zur Enttäuschung wird, in dem sie sich selbst genügt und den Anspruch erhebt, unser Schicksal zu erfüllen. Es gibt da eine göttliche und menschliche *Wahrheit*, die der sicherste Schatz des Christen ist. Sie hat zuweilen in schlichten Gemütern die realen Bedingungen überstrahlt, unter denen sich das Reich Gottes auf Erden aufbauen muss, und tief bekümmert denken wir an die Blindheit mancher Christengenerationen, die nichts vom Wachsen der Menschheit verstanden und nicht begriffen haben, dass sich das Leben Gottes in die ökonomischen und sozialen Strukturen hineinbegeben muss. In Wirklichkeit haben sie in ihrem falschen Spiritualismus einen ganzen Abschnitt des Evangeliums vergessen: Wenn die Armen nicht mehr die Frohe Botschaft empfangen, ist das dann nicht das Zeichen dafür, dass das Reich Gottes nicht kommt? *Pauperes evangelizantur* – so hat Christus sich eingeführt. Der Glaubensabfall der Arbeitswelt, ob bei den Massen oder bei den Eliten, ist die beklagenswerte Konsequenz aus diesem Versagen.

Doch die Abhilfe für dieses Versagen liegt nicht in einer doktrinellen und praktischen Konkurrenz mit den materialistischen Soziologien der Produktion. Im Gegenteil: Gerade im geistigsten Anspruch des christlichen Lebens haben wir den Sinn, die Regeln, die Wertschätzung der irdischen Arbeit zu suchen – in dem ganzen kollektiven Ausmaß, das sie in der heutigen Zivilisation angenommen hat. Im Gegenzug wird uns das Bewusstsein von der überragenden Würde der Arbeit ein volleres Verständnis des göttlichen Lebens in uns und eine realistischere Sicht des Reiches Gottes in der Christenheit des 20. Jahrhunderts ermöglichen.

Ganz bewusst haben wir bisher mehr von der menschlichen Größe der Arbeit als von ihrer schrecklichen Last gesprochen. Wie aber könnten wir andererseits das gerüttelte Maß an Zwang, an Erschöpfung, an Leiden verschleiern, das die Arbeit, selbst in ihrer attraktivsten Gestalt, dem Menschen aufbürdet? Wie könnten wir schweigend über die bedrückende Transformation hinweggehen, die der Siegeszug der Mechanisierung und die neuen Fabrikationssysteme den Arbeitern aufnötigen? Wir arbeiten mehr als im Mittelalter und unsere Arbeit ist härter. Mehr als je zuvor gehen Arbeit und Schmerz zusammen. »Im Schweiß deines Angesichts sollst du dein Brot essen.« Die Ursanktion hat sich keineswegs abgemildert, sie lastet noch immer auf der Menschheit. Die Arbeit, die gute und befriedigende Arbeit, steht noch immer unter dem Fluch.

Mehr als jemand sonst ist der Christ sensibel für diesen Widerspruch, einen jener ungeheuerlichen Widersprüche, in denen Pascal das Mysterium des Menschen erblickte, in jenem Bruch zwischen seinen Prätentionen und seiner Natur einerseits und seinen realen Daseinsbedingungen andererseits. Ja, die Arbeit ist eine Plage; sie ist die Qual, durch die der Christ die Zerrüttung der Sünde erfährt. Wie die Mutter, die unter Schmerzen gebiert. Genau dieser Sündenaspekt hat ihn als erstes getroffen und betroffen, und er hat der Sanktion des irdischen Paradieses mehr Aufmerksamkeit geschenkt als jenem Kapitel der Genesis, in dem Gott, nachdem er sechs Tage gearbeitet hat, die Welt der Herrschaft des Menschen unterstellt. Heute ist die nährende Erde eine Rabenmutter, die nur noch Dornen und Disteln hervorbringt; die Maschine, die den Menschen befreien sollte, knechtet ihn nur noch mehr und erdrückt ihn; und von Zeit zu Zeit werden die Erzeugnisse seines Fleißes zum Werkzeug von Krieg und Zerstörung. Es ist eine bittere Ironie, dass die Arbeit nicht mehr der Befriedigung der menschlichen Bedürfnisse dient, für die sie doch da ist. Wir haben gesehen und wir werden auch künftig sehen, dass dies zu einer übermäßigen Produktion führt, die einen Teil der Arbeiter zur Arbeitslosigkeit verurteilt, während im selben Augenblick Millionen Menschen sich nicht satt essen können. Man hat die Arbeit zum Sinnziel machen wollen: Da haben wir es! Torheit und Mysterium des Menschen: Die Sünde übermannt ihn.

Eine mythische und überholte Lösung, mag man einwenden, die die Arbeit einfach ihrer Verdammnis überlässt. Aber nein! Der Pessimismus konnte wohl manche christliche Geister befallen, große Geister von Augustin bis Pascal: Besser als andere haben sie in ihrem Herzen und in ihrem Körper das Elend des Menschen, die Vergeblichkeit seines Tuns wahrgenommen. Welcher tüchtige Arbeiter wird nicht diese Not und Vergeblichkeit empfinden, wenn ihn mit einem Schlage Kraft und Mut verlassen? Doch genau aus dieser Not errettet, »erlöst« die Arbeit, nämlich in Dem, durch den jede Sünde und jede Mühe erlöst ist. Ursünde und Erlösung – zwischen diesen beiden Polen der christlichen

Heilsökonomie findet die Arbeit ihren Stellenwert, zumindest für einen ganzen Teil ihrer selbst, den naturistische Überhöhung und ökonomischer Rausch nicht aufzusaugen vermögen. Dort findet sie ihren Sinn, wie der Schmerz, dessen Träger sie ist: In der Arbeit und im Schmerz habe ich Anteil am leidenden Christus, und diese gemeinsame Sühne befreit mich von meiner Sünde. Als Sklave, der ich bin, gewinne ich meine Freiheit: Die Arbeit ist meine Lossprechung. Christus hat sie geliebt, so wie er den Schmerz geliebt hat – nicht um ihrer selbst willen, sondern weil er uns damit von jeder Knechtschaft befreien konnte.

Die Sozialismen jeglicher Observanz haben diese Lehre scharf kritisiert und ihr vorgeworfen, sie nehme die Entwertung der Arbeit passiv hin und spreche ihr jegliche irdische Wirksamkeit ab; sie haben das Opfer, den Verzicht, die Demut, die sie impliziert, mit Spott überzogen. In ihrem Glauben an die Arbeit wissen sie nicht, was Sünde und was Erlösung in Christus heißt. Es fehlt ihnen eine menschliche und religiöse Erfahrung, zu der sie aufgrund ihres Materialismus keinen Zugang haben und ohne die sie selbst noch den Sinn der Wörter verdrehen, die wir verwenden, um die geistige Realität der christlichen (Heils-)Ökonomie auszudrücken. Immerhin haben manche eine echte Ahnung davon, diejenigen nämlich, die in einem heroischen Messianismus den Sinn der Erlösung einer arbeitenden Menschheit entdecken; ihr Messianismus ohne Messias ist freilich nur eine großmütige Illusion, die von der brutalen Wirklichkeit durch die grausamsten Katastrophen Lügen gestraft wird.

Doch die Gnade, das durch Christus uns verliehene göttliche Leben, ist nicht nur eine heilende Gnade, die den Menschen durch die versöhnende Kraft ihrer Wirkungen von seiner Krankheit, seiner Sünde befreit. Sie hat auch die positive Macht der Heiligung, der göttlichen Erweiterung der Arbeit, die sie durchseelt, und kein Menschenwerk ist dieser Gegenwart Gottes verschlossen. Das menschliche Leben des Christen ist ein Körper, dessen Teile, so verschieden sie auch sein mögen, sämtlich vom göttlichen Geist durchdrungen, deren Gewebe sämtlich vom selben Blut Christi getränkt sind. Sie können mehr oder weniger würdig sein, wie die Organe und Funktionen des Körpers mehr oder weniger ehrbar sind, aber keines von ihnen kann sich diesem Angenommensein durch Gott, das die Substanz des christlichen Lebens ausmacht, entziehen. Je nach der Reichweite, der Rolle, der Würde unserer menschlichen Aktivitäten durchdringt und beseelt sie die Gnade, indem sie ihre eingeborenen Energien in übernatürlichen Ertrag umwandelt. Die Arbeit, die einen so großen Teil der menschlichen Aktivität besetzt, die einen so wichtigen Platz im persönlichen Schicksal und in der kollektiven Organisation unseres Lebens einnimmt, bildet ein privilegiertes Material für diese Innervation der Gnade, für diese Heiligung. Die Arbeit ist ein heiliges Werk.

Ein heiliges Werk, nicht nur weil sie die gemeinsame »Standespflicht« darstellt – ein recht abstrakter Ausdruck, in dem der reichhaltige und konkrete Inhalt unserer Beschäftigungen in einem anonymen Grau neutralisiert scheint –, sondern weil sie schon ihrem Wesen nach ein kostbares Material für die Entfaltung des göttlichen Lebens der Menschheit liefert. Sie ist nicht nur eine Opfergabe, ein Gebet, was ja schon sehr schön ist, in dem Sinn, dass die Liebe Gottes unsere Anstrengung und unsere Mühen annimmt und umfängt, sie ist in sich selbst eines der Materialien, aus denen die Wohnung Gottes auf Erden errichtet wird; sie verwirklicht einen Teil des göttlichen »Plans« im Aufbau des Gottesreichs, in jenem menschlichen Besitz des Kosmos, dank dem eines Tages der neue Himmel und die neue Erde kommen werden. Bisweilen missverstehen wir die Einwirkung der Gnade auf die Natur: Da wir berechtigterweise um die unvergleichliche Würde der Gnade besorgt sind, glauben wir ihr zu dienen, wenn wir die Elemente der Natur als eine an sich bedeutungslose Materie ansehen, deren ursprüngliche Werte nicht in ihrem Eigengehalt konsekriert und geheiligt werden. Man muss den Willen Gottes tun, heißt es; der Inhalt ist nicht wichtig. Nein, dieser Wille selbst hat einen Inhalt: Die Arbeit, ihre Ressourcen, ihre Erfindungen, ihre kosmische Entfaltung, ihre soziale Dienstleistung, ihre Teilhabe am Schöpfungswerk gewinnen wirklich religiösen Wert entsprechend dem Platz der Arbeit in der *conditio humana.* »Wenn ich schlecht arbeite, stehle ich dem lieben Gott die Zeit«, sagte ein junger Mann von der JOC (*Jeunesse Ouvrière Catholique* = Katholische Arbeiterjugend). Das war ein sehr genauer und bewegender Ausdruck für jene Zusammenarbeit, mittels deren Gott in der Schöpfung und in der Erlösung den Menschen in seine Arbeit hineinnimmt. Die Berufung zur Heiligkeit verwirklicht sich in der natürlichen Berufung zur Mühe der Arbeit.

So korrigieren wir die falsche Sicht, die manche in der Arbeit nur ihre Mühe, ihren Fluch sehen lässt: Der Mensch ist und bleibt Sklave, und diese Sklaverei zu akzeptieren ist die einzige sinnhafte Weise, seine Sünde zu akzeptieren; weil der Mensch die Natur missbraucht hat, ist er nun an diese Natur als seine Folterbank gefesselt. Wir haben genügend betont, welche Bedeutung der Erlösung, der heilenden Gnade zukommt, um jetzt mit Fug und Recht feststellen zu können, dass diese »heilende« Gnade nur die Kehrseite einer »erhebenden« Gnade ist, die unsere inneren und äußeren Werke zu wahren Früchten der Heiligkeit macht. So vermeiden wir auch die Tendenz, Arbeit und Heiligkeit zwei verschiedenen Welten zuzuweisen. »Die Arbeit ist ein Naturgesetz auf der Ebene der allgemeinen Ehrbarkeit; die Heiligkeit ist etwas Seltenes, und selbst wenn sie anpassungsbereit die gängigen Techniken der banalen Existenz übernimmt, bleibt sie ein inneres Abenteuer, eine verschwiegene Reise... Eine gewisse literarische Art, die Dinge des spirituellen Lebens zu betrachten, verstärkt diese mörderische Spaltung und macht sich gemein mit den falschen Erkenntnissen eines kruden Verstandes; sie ist ein Ästhetizismus, welcher der Inspiration und der Heiligkeit in ihrer jeweiligen Gratuität ein und dieselbe luftigleichte, feingeistige Bestimmung zuschreibt. Das Arbeitsleben gibt einem Menschen gleichsam etwas Seriöses, äußerlich Bedeutsames, Schwergewichtiges, das die Seele bisweilen vollauf zu befriedigen und sie für jeden Anruf von oben unzugänglich zu machen scheint; die Heiligkeit dagegen scheint etwas geheimnisvoll Leichtes zu sein, eine Entlastung von jener schweren Bürde, von jenem Lebensungemach, das man gemeinhin Arbeit nennt« (Étienne Borne). Entgegen diesem Vorurteil müssen wir in der gemeinsamen Berufung zur Arbeit ein Zeichen der gemeinsamen Berufung zur Heiligkeit sehen. Die Wege können, bei der Heiligkeit wie bei der Arbeit, sehr verschieden sein, aber das Beispiel Christi zeigt uns, dass die körperliche Arbeit nicht die schlechteste Voraussetzung für die Heiligkeit ist.

All das ist kostbarstes und zugleich alltäglichstes christliches Kapital. Eine hohe Lehre, die wir immer gepredigt haben. Doch es scheint, dass sie, vielleicht durch den Fehler der Menschen, keinen Biss mehr hat, weil sie vor allem die wahre Wirklichkeit der Arbeit in der neuen Zivilisation nicht mehr trifft, in einer Wirtschaft, die ja gerade durch die Arbeit, nämlich eine durch die Vergesellschaftung ihrer Ressourcen und ihrer Produktionsmittel vervielfachte Arbeit, aufgebaut worden ist. Wir sprechen noch Individuen an, wir machen sie zu Christen, aber indem wir sie irgendwie aus der Arbeit, die sie einengt, herausholen, sie aus dem »Milieu« lösen, dem doch die ganze Substanz ihres Lebens in seinen schwersten Nöten wie in seinen entschlossensten Bestrebungen verbunden ist. Ist unsere Lehre vielleicht kraftlos geworden, nur noch tauglich für eine vergangene Welt? Oder sind wir nicht mehr auf der Höhe, weil wir den Kontakt mit einer Wirklichkeit verloren, der wir keine Aufmerksamkeit mehr geschenkt haben?

Hier stoßen wir auf jenen Schlaf der Christen, den wir erwähnt haben, als wir feststellten, wie enorm sich die Arbeit und ihre Bedingungen im 19. Jahrhundert entwickelt haben, und zwar nicht nur in ihren technischen Verfahren, sondern auch in ihren kollektiven Bindungen: Die Arbeit verlangt künftig mit nie dagewesenem Nachdruck eine Konzentration der Kräfte, einen Zusammenhalt der Menschen sowohl in der Herstellung als auch im Warenverkehr, sodass eine Solidarität zwischen der ärmlichen Alltagssubsistenz des ärmsten der Menschen und der Arbeit der ganzen Welt entsteht. Wir wissen, dass das Bewusstwerden dieser Transformation und dieses wirkmächtigen Neuen ungeachtet seiner Fehler ein großartiger Aufschwung der Menschheit war und bleibt. Was denkt der Christ darüber?

Vor allem an diesem Punkt ist der Christ durch das Aufkommen der Arbeitsgemeinschaften (*communautés de travail*) regelrecht eingeschüchtert worden. Wir haben die Gründe dafür genannt: Einige sind ziemlich banal, andere offenbaren Schwächen, unbewusste Konzessionen an einen liberalen Individualismus, der die Gesellschaft überschwemmt hatte. Immerhin aber hielt der Christ sich zurück, ohne diesen Individualismus zur Doktrin zu erheben und ohne die erschreckenden Konsequenzen seines Egoismus und seiner allzu schönen irdischen Erfolge zu billigen.

Heute hat der Christ seine Klarsicht und mit ihr seinen Mut wiedergefunden. Vor mehr als vierzig Jahren ist Leo XIII. mit Vertrauen, mit Wohlwollen und mit Kraft der neuen Gesellschaft begegnet, und Pius XI. hat das Gespräch weitergetrieben und deutlich gemacht, dass ein solcher Aufschwung die alte Christenheit keineswegs zerstört, sondern ihr ein neues, weites Feld eröffnet. Weder die kosmische Wirkkraft der Arbeit noch ihre soziale Erscheinung lassen das Reich Gottes scheitern, im Gegenteil: Sie erfüllen es, und wir erleben heute die historische Stunde, in der sich eine neue menschliche Substanz für die Einpflanzung des göttlichen Lebens anbietet.

Das göttliche Leben muss in der Tat, wenn es wirksam sein soll, alle Kräfte, den ganzen Schwung und alle Schwierigkeiten des Menschen aufnehmen. Kein Element, keine Ressource darf allein ihrem irdischen Schicksal überlassen bleiben, andernfalls fallen sie und der ganze Mensch mit ihnen zurück auf ihr schieres totes Gewicht. Als Christus Mensch geworden ist, hat er außer der Sünde alles Menschliche bis hin zur Versuchung angenommen; und von Anfang an haben die Christen eine Lehre abgelehnt, die in einer falschen Anbetung dazu neigte, diese totale Menschheit des Fleisch gewordenen Gottes zu schmälern. Seither ist diese »Inkarnation« – natürlich unter Wahrung der Verhältnisse – auch die christliche Gestalt der Beziehung zwischen dem Sohn Gottes und den Adoptivsöhnen: *Nichts* soll für die göttliche Kraft undurchdringlich sein, nichts soll außer Acht bleiben.

Unter den zentralen, in seiner Natur verankerten Ressourcen des Menschen findet sich nun aber genau diese soziale Kapazität, diese Vergemeinschaftung seiner Aktivitäten und seiner Güter zum Zweck ihrer Ausübung und ihrer Vervollkommnung. Dieser wesentliche Koeffizient unseres Lebens, dieser wirklich und wahrhaftig innere Bestandteil der Existenz – wird er gestaltloser Stoff außerhalb des Kreislaufs des göttlichen Lebens bleiben? Das wäre eine untragbare Situation! Ich müsste meinen Verstand schärfen, meine Leidenschaften lenken, mein privates Tun heiligen, und überall, wo mein Verstand, meine Leidenschaften und mein Tun sich vom gemeinsamen Leben nähren, wäre ich in diesem Augenblick allein meinen Kräften überlassen und stünde außerhalb des Wirkungskreises der Gnade. Aber bedeutet das, vor allem in diesen unseren Tagen, da ich mich von den Strömungen und unter dem Druck der Gesellschaft mitgerissen fühle, nicht ein beklagenswertes Scheitern für mich und für das Leben Gottes in mir? Nein, diese Formen der Solidarität, die so reich an menschlicher Qualität sind, müssen auch Materie reicher göttlicher Entfaltung sein. Wenn die Solidarität in der siegreichen Nutzung der irdischen Güter massenhaft wird, wird sie auch zur umfangreichen Ressource für die Gnade wie für die Natur: Die Menschen schöpfen Leben aus ihr, denn gerade die Strukturen, die sie und ihre Arbeit tragen, werden Vehikel der Gnade. Der Christ wird nicht heilig durch einen mystischen Auszug aus dem Sozialen. Er kann nicht einmal der Auffassung zustimmen, das Soziale werde nur auf Umwegen geheiligt, wenn also jedes einzelne Individuum heilig sei, werde dann auch das Kollektiv als die empirische Versammlung der Kinder Gottes heilig sein. Wir akzeptieren diese Disjunktion zwischen der Person und dem Sozialen, zwischen der Person als einem zur Heiligkeit bestimmten Geistwesen und dem Sozialen als äußerem Material der Heiligkeit nicht. Das Gesetz der Natur wirkt als Gesetz der Gnade. Es gibt in der Christenheit einen Anspruch der Gemeinschaft an die Einzelnen. Das Gesetz der Inkarnation führt zur *communio* im mystischen Leib Christi.

Das treffendste und bewegendste Beispiel für diese Begegnung von Natur und Gnade in der Gemeinschaft haben wir in der ersten Gemeinschaft, die der Mensch bildet: der Gemeinschaft der Liebe zwischen Mann und Frau in der Familie. Die Gnade in den

Ehegatten ist kein Überbau der Gnade im Mann und der Gnade in der Frau, sie ist Gnade in einer einzigen Liebe, die ihre Materie in dieser Liebe selbst findet. Sie ist die sakramentale Gnade der Ehe, in der nunmehr alles Tun und Trachten des Menschen zu Wegen und Trägern des göttlichen Lebens wird. Die Arbeit ist nun allerdings kein Sakrament. Sie wird nicht etwa durch den Segen Gottes ein der Vergöttlichung würdiges Werk von unmittelbarer übernatürlicher Fruchtbarkeit, wie es die Liebe der Gatten ist. Die Solidarität, die sie zwischen den Arbeitenden stiftet, damit diese sich am Leben halten und sich vermehren können, führt nicht zu der ungeheuren Intensität jener Familiengemeinschaft, in welcher der Mensch den vollkommenen und köstlichen Reichtum seines Lebens findet. So eng, so notwendig, so kostbar die sozialen Solidaritäten auch sein mögen, sie wurzeln nicht so im Herzen, im Fleisch des Menschen (man muss es so sagen) wie die Liebessolidarität, die die Familie bildet.

Überall jedoch, wo sich ein dem Menschen angeborener Reichtum kollektiv organisiert, überall wo es Rohmaterial für die Gemeinschaft gibt, sehen wir die Chance und die Quelle von Gnade. Nun ist ja heute die Arbeit, wie wir sahen, ein Kondensationspunkt dieses gemeinsamen Lebens, vom alltäglichen materiellen Lebensunterhalt bis zu den höchsten geistigen Bedürfnissen der Kultur. Wenn das göttliche Leben vor dem *homo oeconomicus* haltmachen und darauf verzichten müsste, ihn in die Gnadenökonomie hineinzunehmen, dann wäre es – wie einst Marx dekretierte und wie manche Christen geglaubt haben – aus mit dem Christentum, denn es wäre das Scheitern der Inkarnation selbst, an der das ganze Mysterium unseres Glaubens hängt. Wir sehen darin also keineswegs ein Scheitern der Christenheit, sondern erblicken eine großartige Gelegenheit für noch stärkeres gemeinschaftliches Wachstum. Dass die Arbeitsgemeinschaften (ob vertikal, horizontal oder sonstwie geartet) es zu einer sozialen Mehrheit und zu freien Entfaltungsbedingungen gebracht haben, eröffnet eine neue Ära, in der selbst die bescheidensten menschlichen Güter beim Aufbau des mystischen Leibes Christi eingesetzt werden.

Wir akzeptieren folglich nicht den unbewussten Kleinmut jener Christen, die angesichts des Triumphs der Industrie die Welt der Maschine verdammen und davon träumen, außer Reichweite von deren Furcht einflößender Macht kleine Zellen des Handwerks aufzubauen, in denen die Gnade Gottes ein noch humanes Terrain fände. Wir haben keine Angst vor der Maschine: Als Erzeugnis des Menschen ist sie durch ihn auch Werk Gottes. Gott wird sie im Menschen vergeistigen und heiligen. Wenn die Gnade in meinem Herzen die glühendsten Leidenschaften beherrscht, läutert und weit macht, dann kann sie auch diese Materie, das Instrument des Menschen, beherrschen und läutern.

Wir betrachten also auch voll Vertrauen das Zusammenwachsen der Menschheit in der massenhaften Vergesellschaftung der Arbeit; wir sehen sogar mit Wohlgefallen, dass die Massen nun zur historischen Existenz gelangen. Welcher Christ würde sich nicht darüber freuen, ist es doch das Vor-Bild des gemeinsamen Wachstums des mystischen Leibes, besser gesagt die Materie einer christlichen Leibwerdung, in der die Armen und Kleinen Zugang zu den Quellen des Lebens und des Glücks haben werden.

Nur mit Bangen vernehmen wir die kühnen Verheißungen dieses Optimismus; doch die Christenheit, die da vor unseren Augen inmitten schwerer Bedrängnis heranwächst, ist das Unterpfand der bleibenden Gegenwart Christi.

M.-Dominique Chenu

Die Arbeit
und der
göttliche Kosmos

Auch die Ziele einer Theologie der Arbeit haben sich infolge des technischen Wandels verändert, denn in ihren neuen Strukturen sind neue, zumindest bislang unbewusste Motivationen impliziert und werden heute gerade in jener Bewusstwerdung sichtbar, die sie schonungslos über die einstigen Zwecke hinausgetrieben hat. Die Arbeit hat heute nicht mehr *allein* den Zweck, uns unser Brot verdienen zu lassen, sie schafft in gewisser Weise soziale Energie im Dienst an der gesamten Menschheit. Und in seinem Elend hat der Arbeiter am Grunde seiner erbitterten Forderungen ein vages Bewusstsein von dieser großartigen Leistung, wie es auch der Chef des großen Unternehmens hat, wenn er denn uneigennützig loyal ist. Produzieren kann und darf heute nicht nur um des Profits willen geschehen, des elementaren Profits des Broterwerbs oder des maßlosen kapitalistischen Profits, Produzieren ist mehr als das, es erstreckt sich auf die humanen Ziele der individuellen und kollektiven Entfaltung in einer Ökonomie des Dienstes und der Bedürfnisse. Die »Dogmen« des liberalen Industrialismus sind gescheitert; die Arbeit ist auf ganz andere Weise Instrument der Befreiung.

Für die Theologie sind das großartige Ressourcen. Allzu lange hat sie an der These von der Mäßigung des Profits gehangen, und selbst ihre schärfste Kapitalismuskritik hat sich nicht davon lösen können. Nun kann sie über dieses rein moralische Element hinausgehen, um es in menschlich-christlicher Ökonomie auf das physische Eigengewicht der Arbeit als Teil im Aufbau der Welt und, religiös gesprochen, in der göttlichen Weltlenkung zu gründen. Wir haben keine Bedenken, von dieser Geschichte die Offenbarung eines neuen moralischen Wertes zu erwarten.

Damit sind wir jenseits der einzelnen Menschen bei der Entwicklung der Gesellschaft: Die Arbeit ist Humanisierungsfaktor, insofern sie zum Drehlager einer »Vergesellschaftung« wird, dank deren die Menschheit eine entscheidende Etappe auf ihrem kollektiven Weg zurücklegt.

Das zweite bereits genannte Übel der Maschine ist nach der Rationalisierung die materielle, wirtschaftliche, finanzielle und demographische Konzentration mit ihren unheilvollen Folgen. Wir brauchen sie hier nicht noch einmal anzuprangern. Einmal mehr jedoch gilt es ihre Ursachen festzustellen und die Verantwortung dafür nicht zu verlagern. Die Arbeit verlangt heute, nicht nur in ihren massenhaften Verdichtungen, sondern auch in ihren scheinbar weniger zwangvollen handwerklichen Zusammenhängen, eine unerhörte physische und psychische Konzentration ihrer Mittel und ihrer Formen. Doch dieser drückende Zwang setzt aus sich ein kollektives Bewusstsein frei, in dem sich eine Solidarität von hohem humanem Wert bekundet. Ob es sich um Basiszellen oder um Massenvereinigungen handelt, es kommt mit erheblichen Varianten und wachsenden Risiken zu einem Phänomen der Interiorisation, in dem sich langsam und mühevoll das Bewusstsein entwickelt, dass man an einem gemeinsamen Werk beteiligt ist – wenn es denn gemeinsam ist – und dass man einem menschlichen Netzwerk angehört, das auf dasselbe Gut hinarbeitet. Aus dieser Zugehörigkeit erwächst selbst in der Zwangslage eine Freiheit, die von jener Liebe zu einem gemeinsamen Gut gespeist wird, an dem man sich beteiligt fühlt. Es ist das Gesetz der »Gemeinschaft«, das die Soziologen untersuchen. Wir können darin das wiederentdecken, was die spirituellen Menschen von Paulus bis zu Theresia vom Kinde Jesus in jener Verinnerlichung des Gesetzes erkannten, vermöge deren der Gehorchende seine Freiheit gerade in seiner Fügsamkeit findet. Statt des undurchschaubaren Nebeneinanders, der schieren »objektiven« Präsenz der Individuen besteht hier eine spirituelle Präsenz, getragen von einem brüderlichen Instinkt, der eine bislang nicht gespürte soziale Wärme entwickelt.

Da straft wieder einmal die rauhe Wirklichkeit diesen paradiesischen Traum Lügen; es gibt keinen schlimmeren Krieg als den zwischen jenen »Gemeinschaften«, wie sie in der Arbeitswelt von den Klassen gebildet werden. Wir dürfen aber auch hier die *Natur* der Dinge nicht außer Acht lassen, nur weil die Menschen böse sind. Der Christ jedenfalls ist nicht überrascht, weiß er doch, dass die Sünde den Menschen aus dem irdischen Paradies vertrieben hat; daraus schließt er nur, dass die Arbeit, wie alles andere einschließlich der Liebe, des Loskaufs bedarf. Das ist die christliche Ökonomie der Erlösung; die Arbeit ist laut dem Buch Genesis als erstes betroffen. Die *Natur* der Dinge bleibt freilich bestehen, und mit ihr jene soziale Physik, die genau da innere Kräfte der Vergeistigung freisetzt, wo die zunächst und für lange Zeit brutalen Zusammenhänge die Menschen in gemeinsamen Unternehmungen zusammenschweißen. Indem sie den Menschen wieder in seine Arbeit integriert, wird die Vergesellschaftung zu einer befreienden Kraft. Die Bewusstwerdung des Proletariats war, bei aller Bitterkeit und Gewaltsamkeit, die Wirkung dieses Gesetzes; es ist nicht daran zu zweifeln, dass sie eines Tages in Frieden und Brüderlichkeit ihre Frucht bringt. Es braucht natürlich das reale Entstehen jener »Gemeinschaften«, die allein das geistige Band einer solchen Verinnerlichung sein können, und deshalb bedarf es dieser humanen Entfaltung der Personen und der Freiheiten; daher legen sich denn auch die dringendsten Strukturreformen zwingend nahe. Immerhin wissen wir, dass der entpersönlichende Kollektivismus als katastrophales Intermezzo lediglich die menschliche Perversion eines Vorgangs ist, der am Ende auf der heute vorrangigen Ebene die *soziale* Natur des Menschen erweisen wird. Einmal mehr offenbart die Arbeit die Tiefe dieser Natur. Und in dieser Tiefe lässt sich die »Spiritualität« der Arbeit in einer authentischen Theologie entwickeln.

Da dieser – geistige und nicht nur wirtschaftliche – soziale Fortschritt des Menschen die Entwicklungsgesetze seiner Geschichte bestimmt, erleben wir, dass die Arbeit in seinem Bewusstsein zu einem der Faktoren dieser Geschichte wird, insofern das Spiel der Freiheit und die Determinismen der Materie ineinandergreifen. Schauplatz und Maß für ihre Transformationen, ihre Leistungen und ihre Ziele ist die Zeit. So wie der Mensch in der Evolution des Kosmos anatomisch vollendet worden ist, so vollendet er sich sozial in der Evolution der Welt. Die unüberbrückbare Diskontinuität zwischen Materie und Geist zerstört diese Einheit der Geschichte nicht, in welcher der Schöpfer den Menschen zu seinem Sachwalter gemacht hat. Der Mensch ist ebenjenes Wesen, das unzertrennnbar und gleichwesentlich Materie und Geist ist; genau dadurch ist er befähigt, in der Geschichte das Mysterium des Geistes zu tragen. Die Engel haben keine Geschichte. Ein alter mittelalterlicher Theologe sagte, Gott habe seine Liebe in einer schöpferischen Expansion auf alles ausdehnen wollen, und dies habe er nur durch ein eigenständiges Wesen tun können, das aufgrund seiner Bindung an die Materie die Pläne der Liebe bis in die Materie würde tragen können.[1] Diese göttliche Expansion ereignet sich nicht nur in der körperlichen Liebe, sondern überall da, wo eine Gemeinschaft auf der Grundlage materieller Tätigkeit Gestalt gewinnt: Die Solidarität der Arbeit ist dafür ein privilegierter Ort in einer Epoche, in der diese Solidarität wirklich Humanität schafft und ebendadurch, da ja die materielle Zeit das Vehikel dieser *creatio continua* ist, Motor

---

1 Es ist der Autor der Ars catholicae fidei, Ende des 12. Jahrhunderts, wahrscheinlich Alanus ab Insulis; Patrologia latina 210, Sp. 607–608.

der Geschichte wird. Die heilige Geschichte der Inkarnation transzendiert diese irdische Geschichte in jeder Hinsicht, aber sie entleert sie nicht, im Gegenteil, sie wird in einem neuen Himmel und einer neuen Erde alle vorläufige Arbeit und alle unerfüllte Liebe vollenden.

Hier kommt die Theologie zu einer ihrer Lieblingserwägungen. Mehrfach haben wir von der »göttlichen Weltlenkung« gesprochen. Es ist ein bei den Meisterdenkern der mittelalterlichen Christenheit geläufiger Ausdruck, den es natürlich von seinem Anthropomorphismus zu läutern gilt. Die theologischen *Summen* dieser Magistri verwenden einen ganzen Abschnitt ihrer Gliederung darauf, den Menschen im Universum zu verorten, die substantiellen Verbindungen seiner Natur mit der großen Natur zu betrachten, seine Rolle als *artifex* herauszuarbeiten, die Gewichtigkeit der Materie nicht nur in seinem Körper zu erwägen, sondern im Aufbau des Universums, der ihm aufgegeben ist und dessen Triebkräfte er in jenen »Mutationen« und »Motionen« entdeckt, die von den Himmelskörpern bis zu den Geheimnisse des Geistes und der Freiheit der Menschen in immer neuen Kreisen widertönen; diese großen mittelalterlichen Geister gehen so weit, die biologischen Gesetze der Ernährung und Zeugung zu betrachten, da die Materie, wie sie sagen, »für die Wahrheit über die menschliche Natur wichtig ist«. Mit diesem Thema schließt der Erste Teil der *Summa* des heiligen Thomas (*Utrum aliquid de alimento convertatur in veritatem humanae naturae*). Warum haben die modernen Theologen der lutherischen Trennung zwischen Natur und Gnade nachgegeben und diese Sicht von der Welt als dem *natürlichen* Rahmen und dem geistigen Milieu des Handelns des arbeitenden Menschen, fast völlig preisgegeben? Die historische Dimension dieses Denkens, die wir heute berücksichtigen müssen, mindert seinen Wert nicht herab, sie steigert ihn, so wie eine dritte Dimension die Oberfläche des Raums transformiert und nicht deformiert.

Die Situation von heute fordert die Christen auf, in dieser neuen Dimension die vergessene Sicht ihrer Vorfahren wiederzuentdecken, die ja in Wirklichkeit die biblische Sicht der Natur war. Welche Situation ist gemeint? Jene, die wir zu Anfang analysiert haben: Die Revolution der Arbeit, die unter dem Druck der Entdeckungen und der Technik erfolgt ist, hat eine Bewusstwerdung in Gang gesetzt, die zwar schmerzlich ist, aber auf der Wahrheit der Dinge und auf der Wahrheit des Menschen gründet. Das Proletariat war das Terrain, auf dem sich dieses Bewusstsein bildete. In der Tat haben die vier Perspektiven, die sich durch den Übergang vom Werkzeug zur Maschine im Zuge der Transformation der Arbeit auftaten, diese Entwicklung belegt und uns mit den neuen Gesetzen dieser Arbeit auch den Ort ihres vorläufigen Scheiterns sichtbar gemacht: Die Rationalisierung, die profitorientierte Ökonomie, die Konzentration und der Gang der Geschichte haben tatsächlich ein Proletariat erzeugt; sein revolutionäres Bewusstsein schließt ein wissenschaftliches Bewusstsein von den Funktionen der Arbeit im 20. Jahrhundert ein (hat es allerdings auch zuweilen verraten). In diesem Bewusstsein kann sich, ähnlich wie Psychologie, Soziologie und Metaphysik, die Theologie der Arbeit entwickeln.

Nicht von ungefähr und auch nicht allein aufgrund vielfachen individuellen Versagens ist die Welt der Arbeit zum Nerv des positiven Atheismus geworden, der sich so deutlich vom bourgeoisen Atheismus der Freidenker oder der Philosophen unterscheidet. Es ist ein viel schwerfälligerer, aber auch viel bedeutsamerer Atheismus.[2] In dem Maße, in dem sich der Mensch in der Arbeit

---

2   Vgl. J. Maritain, La signification de l'athéisme moderne, Paris 1949.

entfremdet wurde, hat er gleichzeitig mit sich selbst auch Gott verloren. Die Arbeit konnte keinen religiösen Sinn mehr haben, weil sie keinen menschlichen Sinn mehr hatte. Ihr das Eigengewicht zurückzugeben, statt nur äußere moralische Korrekturen an ihr anzubringen (deren zwielichtigste die politischen Korrekturen sind), heißt, theologisch gesagt, sie wieder in ihre kosmischen und menschlichen Funktionen und in die Ordnung des Schöpfergottes einzusetzen. Man darf die Arbeit gewiss nicht vergöttlichen; aber diejenigen, die dieser Menschen zerstörenden und Gott leugnenden Idolatrie erliegen, tun doch nichts anderes, als das Bedürfnis nach dem Heiligen zu befriedigen, das sich in seinem Gegenstand täuscht, weil die Theologie es nicht mehr verstanden hat, die Arbeit als ein im Rahmen des Menschenschicksals der Aufmerksamkeit würdiges »Objekt« zu betrachten.

Eine neu erwachende Theologie wird rasch wieder ihre Ressourcen und die sie inspirierenden Themen finden:

Der Mensch und das Universum: Die Arbeit steht im Berührungspunkt von beiden. Und auch im Berührungspunkt von Geist und Materie. Der Mensch als Herr des Universums: das ist der Plan Gottes, die Berufung des Menschen, wie es im Offenbarungswort der Genesis heißt. Dies ist nicht als eine vorgeschichtliche Anfangsepisode zu sehen (rein statische Transzendenz Gottes, vorfabrizierte, unveränderliche Natur), sondern innerhalb der kosmischen Entfaltung des göttlichen Plans: der Mensch als Mitarbeiter an der Schöpfung und Demiurg ihrer Evolution in der Entdeckung, Nutzung, Vergeistigung der Natur. Diese Tätigkeit an der Natur (die Arbeit) ist Teilhabe am göttlichen Tun, auch noch in ihren riskanten Momenten. Der *homo faber* hat zu Recht seinen Platz im christlichen, wenn nicht im »klassischen« Humanismus. Die Maschine ist das Instrument dieses schöpferischen Unternehmens.

Der Mensch selbst: Er besteht aus Geist und Materie; Seele und Leib stehen nicht einfach nebeneinander, sie sind auch nicht von außen verbunden; sie sind wesensgleich, eines durch das andere und im anderen, und das Auftreten der Seele mindert nicht die Einheit des *convivere.* Dieselbe Wesensgleichheit waltet zwischen der (geistigen) Freiheit und den (materiellen, technischen, ökonomischen) Determinismen. Die Arbeit ist »humanes« Tun durch die Verbindung des Fortschritts der Technik und des Bewusstseins von der Freiheit. Die herstellende Vernunft ist in ihrem geistigen Grunde, ungeachtet der Unterschiede in den Methoden und Funktionen, nichts anderes als die kontemplative Vernunft, die Herrin der Innerlichkeit.

Die gesamte Ökonomie des Heils: In sie tritt der Kosmos durch den Menschen, genauer gesagt durch die transformierende Tat des Menschen, ein. Der neue Himmel und die neue Erde. Die eschatologische Perspektive vollendet, trotz des im Tode geschehenden Bruchs, die irdische Perspektive, sie löst sie nicht auf. Das ist denn auch die Grenze eines Optimismus, der Naivität und Irrtum wäre.

Und schließlich *die Inkarnation:* der Mensch gewordene Gott. Alles, was menschlich ist, ist Materie für die Gnade. Wenn die Arbeit humane Konsistenz annimmt (aber auch nur dann), findet sie Eingang in die Ökonomie der Gnade; zweifach geht sie in sie ein, als Werk des Menschen und als Prinzip einer Gemeinschaft, die ebenfalls Erdreich für die Gnade ist. Die fortgesetzte Inkarnation, der mystische Leib Christi – nunmehr ein klassisches Thema einer Spiritualität, in der die Welt der Arbeit ihre Balance und ihren christlichen Platz findet, und zwar nicht ausschließlich aufgrund des Erwerbs von Verdiensten.

Ist das eine neue Spiritualität? Nein. Es ist die Spiritualität der Genesis, des heiligen Thomas, des Apostels Paulus, des ersten

Dogmas. Aber mit welcher Akzentuierung! Und in welchem erneuerten menschlichen Rohstoff! Lange waren sich die Christen dieser impliziten Kräfte nicht bewusst, und ihre Spiritualität hatte sich genau wie ihr Apostolat auf das »innere Leben« konzentriert. Augustinus, der Lehrer dieses inneren Lebens im Abendland, besaß freilich das Gespür für die Dimensionen des Universums und des Menschen in Raum und Zeit. Auf jeden Fall birgt das christliche Kapital eine kosmische Spiritualität, deren eine Achse die Arbeit ist. Die »Zivilisation der Arbeit«, wie man das 20. Jahrhundert bereits nennt, die technische Zivilisation im Dienst der Arbeit ist eine großartige Materie für die Gnade Christi. Und heute erleben wir die Stunde, in der die Kleinen und Schlichten gerade aufgrund ihres Arbeiterstandes Eingang ins Reich Gottes finden.

M.-Dominique Chenu

Theologie der Arbeit

Die religiöse Erziehung der Kinder und Heranwachsenden ist in einer tief greifenden Erneuerung begriffen – nicht nur in ihren pädagogischen Verfahrensweisen, die dem Fortschritt der der profanen Disziplinen folgen, sondern auch im eigentlichen Bereich der Katechese, das heißt der Unterweisung im Wort Gottes. So unterzieht sie ihren Gegenstand selbst einer kritischen Revision, deren Hauptachse die Rückbesinnung auf die Fülle ihrer lebendigen Quellen und auf deren Primat gegenüber vorschnell gefassten abstrakten Formulierungen bildet. In ihrem eigenen Bereich wiederholt sie damit das segensreiche dreifache Erwachen der Kirche in der biblischen, liturgischen und missionarischen Erneuerung, in welcher der Schock der Botschaft sich im Zeugnis ausdrückt, noch bevor dann die Unterweisung erfolgt. Kurz: Sie ist nicht weniger als eine volle Theologie des Glaubens – des Glaubens *in actu* im Wort Gottes –, die jenseits der zu Unrecht traditionell genannten Apparate zur Geltung kommt.

Die Heilsökonomie und die Rolle der Arbeit

Die Grundlage dieser Entwicklung ist zweifellos die neue Wertschätzung für die Heils-Ökonomie, die göttliche Ordnung der Tatsachen, die die »heilige Geschichte« skandieren, deren wichtigster und richtunggebender Faktor die Inkarnation des Mensch gewordenen Gottes ist, die sich im Alten Bund, im Volk Israel, vorbereitet und im Neuen Bund, in der Kirche, fortgesetzt hat. Der unmittelbare Gegenstand des Glaubens und damit die lebendige Materie der Katechese ist kein Gedankensystem, so wichtig dieses letztlich auch sein mag, sondern das *Wort Gottes, der mit den Menschen kommuniziert,* und zwar im Rhythmus einer Ökonomie, in welcher der Mensch in die Heiligkeit des Glaubens und zugleich in alle Dimensionen seines raum-zeitlichen Daseins und somit in ein Universum hineingestellt ist, das er, mit Gott vereint, zu seiner Vollendung führen wird.[1] Eine totale Rekapitulation, deren messianische Verheißung alle irdischen Hoffnungen der Menschheit beflügelt. Eine Ökonomie, deren gemeinschaftlich geleisteter Aufbau die Berufung und die Begnadungen eines jeden Menschen umgreift und vollendet.

Nicht die unwichtigste von allen methodologischen, theologischen und spirituellen Auswirkungen dieser Weltsicht auf die Katechese ist die neue *christliche* Wertschätzung der irdischen Bestimmung des Menschen, die auf diese Weise polarisiert und finalisiert wird durch eine göttliche Überbestimmung, in der die Werke des Menschen-in-der-Welt gemäß dem Plan und den Gesetzen der Schöpfung erlöst, entfaltet und vervollkommnet werden. Diese Werke der *creatio continua* des Menschen als des Mitarbeiters Gottes werden durch die Gnade einer erlösenden Inkarnation keineswegs entleert und gleichsam überfahren, vielmehr unter der messianischen und kosmischen Herrschaft Christi rekapituliert. So erhöht die authentische Katechese die irdischen Aktivitäten und Schicksale, *indem sie sie in der Ökonomie der Inkarnation verortet* – nicht nur um sie zu versittlichen, sondern um ihnen, viel radikaler, ihre menschlich-göttliche Dimension in ihrem Sein selbst zu verleihen.

Nach dieser langen Einleitung – die unser Thema in die allgemeine Erneuerung des Leibes der Kirche einordnet – sind wir nun *theologisch* in der Lage, den Sinn der Arbeit, des Berufs, der professionellen Tätigkeit zu definieren, nicht nur in ihrer vollen

---

1 Zu dieser Übereinkunft der Katechese und der Theologie in dem einen, einzigen Wort Gottes zitieren wir unter zahlreichen vorzüglichen Arbeiten die Studie von P. Hitz, deren Klarsicht auch durch spätere Polemiken nicht verdunkelt wird: »Théologie et catéchèse«, Vorlesung am Institut Supérieur Catéchétique de Paris, veröffentlicht in: *Nouvelle Revue Théologique* (Löwen), November 1955, 897–923.

Ausübung durch den Erwachsenen, sondern auch in ihrer Vorbereitungsphase, in der Katechese für Kinder und Jugendliche.[2] Mit anderen Worten: Wie definiert die Theologie in der gegenwärtigen Revolution der Technik und der wirtschaftlichen Strukturen die *persönliche und kollektive Rolle der* (im Beruf enthaltenen) *Arbeit in einer von der Ökonomie der Inkarnation her verstandenen Weltsicht?* Allein bei dieser Aussage verspürt man schon, dass wir mitten im apostolischen (und damit auch katechetischen) Erwachen der Kirche stehen, in jenem *Missionsland*, das die Arbeitswelt ist.

Wir werden uns hier darauf konzentrieren, die laufenden Untersuchungen in einer bewusst schematischen Übersicht zusammenzufassen; sie wird eher die Problemstellungen als die Lösungen und Anwendungen umreißen. Wenn wir in die religiöse Erziehung, in die Katechese nicht nur eine Moral, sondern eine christliche Sicht der Arbeit und des Berufs einführen, so ist dies in der Tat eine Neuerung;[3] wirklich und wirksam Gestalt annehmen kann sie nur durch eine vorausgehende vertiefte *Theologie der Arbeit*; die aber ist von ganz anderem Stil als eine gewiss großmütige, aber sentimentale *Mystik*, die eine oberflächliche

---

2 Die Anhebung des Schulentlassalters von 14 auf 16 Jahre wird den bislang dem Schulbesuch angepassten zeitlichen Rahmen der religiösen Erziehung des Kindes zerbrechen. Nicht nur wird die Zeit der schulischen Entscheidungen einschließlich derjenigen für den Glauben verschoben, sondern vor allem wird das Subjekt der religiösen Unterweisung ein anderes: Es ist nicht mehr ein Kind, sondern ein Jugendlicher, der bereits die Berufsfachschule oder die Lehrwerkstatt besucht und dort in die Formen seiner künftigen Berufsarbeit und in den Geist, die Weltanschauung, die Mentalität, die Denkweise und das Vokabular der technischen Zivilisation eingeführt wird. Ein *Catéchisme de persévérance* kann bei ihm nichts ausrichten; er braucht eine Katechese, in der die Arbeitswelt in einer umfassenden Ökonomie des Mysteriums Christi situiert ist. Daher ist unsere Reflexion dringend geboten.

3 Um die Dürftigkeit der heutigen Katechese zu überprüfen, wäre es gut, eine genaue Untersuchung nicht nur der Texte und Gepflogenheiten, sondern auch der Ursachen für diese Schwäche anzustellen. Dabei würden sich die starken, weil unbewussten soziologischen Verbindungen dieser Unterweisung mit deklassierten Milieus und Mentalitäten, gerade in der Arbeitswelt, zeigen.

Inbrunst nährt und nichts austrägt für eine Ordnung der Gnade in der Welt der Arbeit, welcher der Marxismus nicht selten zu Recht vorwirft, sie entfremde den Menschen.[4]

Das objektive Eigengewicht der Arbeit

Als Hauptgegebenheit, die sämtliche Probleme in Doktrin und Pädagogik bestimmt, muss die Arbeit (und damit auch der Beruf, der sie organisiert) in erster Linie nicht von ihren subjektiven Ressourcen, das heißt den guten oder schlechten Intentionen des Arbeiters her betrachtet und definiert werden, sondern von ihrem objektiven Wert, das heißt von jenem Zweck her, der – jenseits von Intentionen, Emotionen und sonstigen Empfindungen – durch den Vollzug der Arbeit selbst erreicht werden soll. In der Sprache der Schulphilosophie ist das, was die Arbeit primär definiert, ihr *finis operis*, die Vollkommenheit des Werkes – noch vor dem *finis operantis*, der Vervollkommnung des Arbeitenden. Der Arbeiter arbeitet zunächst einmal für sein Arbeits-Werk, und dann erst für sich selbst. Er ordnet sich seinem Werk unter; das lehrt Selbstvergessenheit und Objektivität in der Arbeit, de-

---

4   Wir bringen im Folgenden die Literaturhinweise entsprechend dem Gang unserer Überlegungen. Dabei beschränken wir uns auf die französischsprachigen Titel.

Arbeiten mit allgemeiner Themenstellung: É. Borne / F. Henry, Le travail et l'homme, Paris 1937; M.-D. Chenu, Pour une théologie du travail, Paris 1955; J. Viallatoux, Signification du travail, Paris 1955; Sonderheft von *Lumière et Vie*, 22. März 1955: »Réflexions sur le travail«, und allgemeiner: G. Thils, Théologie des réalités terrestres, Paris 1946.

Unverzichtbar scheint uns eine Kenntnis der Geschichte der Arbeit in großen Zügen: C. Bouglé / G. Lefranc, Histoire du travail et de la civilisation, Paris 1938; J. Hours, Petite histoire du mouvement ouvrier, Paris 1948; G. Lefranc, Histoire du travail et des travailleurs, Paris 1957; die menschliche Geschichte in ihrer Abhängigkeit von der Entwicklung der Technik ist Gegenstand von L. Mumford, Technique et civilisation, frz. Übers. Paris 1950 [engl. Orig.: Technics and Civilization (1934)].

ren Wert nicht von der Intention oder von der Sittlichkeit des Arbeitenden, sondern vom Ergebnis abhängt. Es ist rechtens, wenn man diesen Arzt aufsucht oder zu jenem Kaufmann geht, den oder jenen Beamten aufrücken lässt, nicht weil sie gläubig oder ungläubig sind, politisch rechts stehen oder der Mitte oder der Linken angehören, nicht weil sie Spiritualisten oder Materialisten sind, sondern weil sie ihr Metier beherrschen und es gut ausfüllen.

So ist die Arbeit tiefster Ausdruck der *conditio humana*. Gewiss steht der Geist über allem, was er tut, aber das kann er erst wissen, nachdem er tätig war, kennt er sich doch selbst nur dank seinem Werk. Um zu sein, muss er sich inkarnieren, sich realisieren, sich in Materialität hineinbegeben, sich gewissermaßen sich selbst ein Werk entgegensetzen, in welchem er sich erkennt, so wie das Denken, das vor dem Wort lediglich virtuell ist, den Leib braucht, die Sprache als Hemmnis und Werkzeug nötig hat, die ihm erlauben, sich zu aktualisieren, sich im Bewusstwerden seiner selbst zu realisieren. Die wichtigste Erkenntnis, die wir aus dem Arbeits-Werk ziehen, ist, dass dieses erst entstehen kann, wenn und insoweit der Geist sich selbst vergisst, sich zu ihm hinwendet und sich großmütig ihm unterordnet.[5]

Die Beziehungen zwischen Mensch und Universum

Damit wird die Grundlage des Problems wieder sichtbar, besser gesagt sein Ort im Schöpfungsplan des Universums: Das Problem der Arbeit ist das Problem der Beziehungen zwischen

---

5 Hier greifen wir, bis in ihren Ausdruck hinein, die doktrinelle Analyse von J. Lacroix auf: La notion de travail, in: *La Vie intellectuelle*, Juni 1932, 11–12; vgl. auch ders., Personne et amour, Paris 1955, Kap. 4.

Mensch und Universum. Der Mensch ist ein »Mikrokosmos«, der in sich gleichsam in höchster Vollendung die materiellen, biologischen und psychischen Ressourcen der Natur zusammenfasst und sein eigenes Schicksal erfüllt, indem er die Natur, jenen »Makrokosmos«, von den die Alten sprachen, vollendet. Der Mensch wird Mensch, indem er die Welt durch ihre Bearbeitung umgestaltet.

Indem er die Natur humanisiert, wird der Arbeitende mehr Mensch, und indem er mehr Mensch wird, wird er mehr eins mit der ganzen Menschheit und gewinnt sein objektives Sein: Die mühselige Arbeit des Proletariers humanisiert das materielle Universum, das hinwiederum jene universalisiert. Daher müssen wir sagen, dass der Mensch durch die Arbeit zum Demiurgen des Menschen wird.[6]

So definiert sich in ihrem Wesen und in ihrer Dynamik die Daseinsbedingung des *homo artifex*.

Dieses Thema wird bekanntlich vom Marxismus entwickelt. Es darf freilich nicht dazu kommen, dass uns eine rasche Zurückweisung des Marxismus eine in der Theologie der Schöpfung eingeschlossene Wahrheit suspekt werden lässt, die durch die in Gang befindliche technische Revolution neu aufleuchtet – ausgerechnet in dem Augenblick, in dem die gängige Theologie sie hat brachliegen lassen, weil sie einem abstrakten Spiritualismus

---

6 Ders., La notion de travail, a.a.O., 13. Dieses Thema des Menschen, der im Universum seinen Stand als zusammenfassender *Mikrokosmos* hat, ist eine der Grundlagen der *naturalistischen* Anthropologie der griechischen Philosophen; im christlichen Rahmen wird es von den Lehrern der Ostkirche aufgegriffen; danach gelangt es, ungeachtet des Widerstandes in Form des »contemptus mundi« der Zisterzienser, zu den westlichen Theologen des 12. und 13. Jahrhunderts, die es entweder in ihren Kommentaren zur Genesis oder in ihren Summen behandeln. Die rudimentäre Physik, die diese Aussagen umgibt, beeinträchtigt ihre Wahrheit mitnichten – weder an sich noch in der philosophischen Ausarbeitung des Verhältnisses »ars et natura«, noch im christlichen Verständnis der Schöpfung, noch in ihrer Extrapolation in der mystischen Frömmigkeit. Vgl. M.-D. Chenu, La théologie au XIIe siècle, Paris 1957, 34–51.

huldigte, der mehr mit der kartesischen Mentalität als mit dem biblischen Realismus der Genesis zu tun hat. Mehr als eine scholastische Verwerfung des Marxismus[7] können die Meditation der großen biblischen Texte über die Schöpfung, der kosmische Lobgesang der Psalmen, die Dichtungen des Weisheitsbuches, die paulinische Lehre von der Befreiung der Schöpfung (Röm 8,18–25) eine Katechese speisen, in der sich die Erlösung durch Christus nicht mehr als bloßes Epiphänomen im Drama der arbeitenden Menschheit darstellt. Die Ausarbeitung durch die theologischen Magistri des 13. Jahrhunderts, vor dem protestantischen Bruch zwischen Gnade und Natur, vor dem kartesischen Dualismus zwischen Materie und Geist, liefert das lehrinhaltliche Grundgerüst für eine solche Neugestaltung.[8]

Die traditionellste Theologie gewinnt hier die stärkste Aktualität, wenn und insofern sie sich einer neuen *Tatsache* bewusst wird, deren mehr oder weniger bewusste Ausklammerung den Christen zu einem Verbannten in einer neuen Welt machen würde und, noch schlimmer, das Wort Gottes inaktuell werden ließe. Die neue Tatsache: Bis zum Beginn der »Moderne« wird die Arbeit, selbst in ihren größten Leistungen und in der Überfülle ihrer Formen, ganz ausdrücklich nach dem Menschen bemessen. Die Qualität ihrer Hervorbringungen steht natürlich nicht in Frage: die Akropolis in Athen, die Kaiserstadt in Peking, die Kathedrale von Chartres sind Höhepunkte, die die nachfolgenden Epochen nicht zu übertreffen vermögen, denen sie ihre Werke lediglich an die Seite stellen können. Doch die alten Werke haben

---

7 Genannt sei im Sinne unserer Überlegungen lediglich R. Seillon, Progrès technique et marxisme, in: *Revue de l'Action populaire*, November 1956, 1029–1044.
8 Die *Summa* des heiligen Thomas, in der die Verteilung der Themen so bezeichnend für die Ausgewogenheit einer ganzen Theologie ist, enthält im zweiten Abschnitt des Ersten Teils einen Traktat über die göttliche Weltregierung, wie man damals sagte, das heißt über die *creatio continua* in der Zeit, und über die Rolle des Menschen als Leib-Geist-Wesen in diesem Universum.

ein Maß, das nur selten überschritten wird, wie vielleicht in einigen assyrischen oder römischen Bauten. Der Lebensumraum, die Größe der Ausführung, die Struktur des Werkes sind so von menschlichem Empfinden durchdrungen, dass sie den Eindruck erwecken, eine direkte Fortsetzung und Steigerung der individuellen Person zu sein. Genau dieses Maß lässt uns – wenn auch mit mancherlei Skrupeln und Einschränkungen – zu dem Wort *organisch* greifen, wenn wir die erwähnten Kulturepochen bezeichnen wollen. In der Art und Weise, wie der Mensch die Natur versteht, sich ihr gegenüber verhält, sie benutzt und ihr eine Struktur gibt, sind das rationale, das instinktive, das kontemplative und das kreative Element nahezu im Gleichgewicht. Der Mensch bemächtigt sich des Gegebenen, verstärkt seine Formen, steigert seine Wirkungen, aber aufs Ganze gesehen und im Wesentlichen durchbricht er nicht seine Struktur.

Doch dann geschieht etwas Neues. Der Mensch beginnt die Natur mit exakten Methoden zu untersuchen. Er begreift sie nicht mehr durch Empfinden und Kontemplation, erfasst sie nicht mehr nur in Symbolen und als Handwerker, vielmehr analysiert er sie mittels Experiment und Theorie. Er entdeckt ihre Gesetze und lernt die Bedingungen zu schaffen, in denen die elementaren Gegebenheiten unmittelbar die gewünschte Wirkung erbringen. So entstehen funktionale Beziehungen, die von ihrer unmittelbaren Organisation durch den Menschen mehr und mehr unabhängig werden und denen man in wachsendem Maß beliebige Zielsetzungen vorgeben kann: Es entsteht die Technik.

Vom Werkzeug zur Maschine

Die Triebfeder dieser Transformation, das Prinzip dieses technischen Zeitalters ist der Übergang vom Werkzeug zur Maschine. »Das Werkzeug bedeutete eine Verstärkung der natürlichen Leistungsfähigkeit, der menschlichen Glieder und Organe; die ersten Formen der Maschine könnten noch mit einem solchen Werkzeug verwechselt werden. Im Fortgang ihrer Entwicklung zeigt sich jedoch, dass sie etwas anderes ist, nämlich ein wissenschaftlich berechnetes und genau konstruiertes Funktionssystem, das sich vom Wirkzusammenhang des lebendigen Menschen immer mehr ablöst. Ihre absolute Form wäre jene, die sich selbst bediente, sich selbst regulierte und entstehende Schäden selbsttätig ausgliche. Wir sehen denn auch, dass die hergestellten Maschinen sich tatsächlich diesem Endziel nähern – wobei auf sich beruhen soll, bis zu welchem Maße es erreicht werden kann. Die einzelnen Maschinen werden untereinander in Beziehung gebracht. Die Leistung der einen setzt die der anderen voraus und führt sie fort; so entsteht die Fabrik. Verschiedene Fabriken, oft technisch und wirtschaftlich zusammengeordnet, bilden einen Produktionsbereich. Dahinter zeichnet sich eine Planung der Maschinenarbeit überhaupt ab, welche die Industrie eines ganzen Landes als Einheit erscheinen lässt.«[9]

So entfernen wir uns mehr und mehr von der *direkten* menschlichen Organisation: Die Maschine gehorcht dem Willen des Menschen, erreicht die Zwecke, die dieser ihr vorgegeben hat, aber gerade dadurch erlangt sie eine ganz spezielle Autonomie in ihrer

9 Aus dieser Analyse der Technik gewinnt Romano Guardini in einem neuen Bild von der Welt und vom Menschen eine Philosophie der Macht, des Reichs des Menschen. Zitat: R. Guardini, Die Macht – Versuch einer Wegweisung, Würzburg 1951, 57–58.

Funktion und Entwicklung. Die auf diese Weise objektivierte Arbeit hängt immer weniger vom Arbeitenden, von seinen Intentionen und Vorhaben, von den unmittelbaren Formen und Normen des Körpers und der Seele ab: Sie entpersönlicht sich, während der Mensch, sein Auge, seine Hand, seine Phantasie und eben damit sein *Metier*, ihr nicht mehr seinen Stempel aufdrückt. Der Arbeiter ist *homo artifex* in einem anderen Sinne als der Künstler. Es geht dabei nicht nur um eine Änderung in der Quantität, insofern der Arbeiter schneller und mehr produziert, sondern um eine qualitative Mutation in der technischen und psychologischen Art und Weise, wie der Mensch der Natur gegenübertritt. Unsere Väter sind unter menschlichem und göttlichem Aspekt groß geworden mit dem Ideal, ja mit dem Kult des Metiers. Das ist etwas Großartiges von bleibendem Wert, aber es muss neu gewonnen werden in diesem ganz anderen technischen und psychologischen Kontext, den die gängige Ausbildung unserer jungen Arbeiter noch nicht zu verarbeiten vermochte. Da herrscht nicht einfach pädagogisches Ungeschick, sondern Unkenntnis der Umwälzung, die sich in der *conditio humana* des arbeitenden Menschen vollzogen hat. So erscheint eine handwerkliche Ausdrucksgestalt des Wortes Gottes, wenn man so sagen kann, unseren jungen Leuten, die in die Fabrik gegangen und nun an ihre Maschine gefesselt sind, als Bestandteil einer archaischen Kultur, so wie wir die Arbeit der Afrikaner oder der Hindus für archaisch halten, wenn sie mit der Hand den Lehm formen, aus dem sie ihr Haus bauen, während man doch jetzt schon fabrikmäßig Unterkünfte vorfabrizieren kann. Benebelt vom Mythos des Handwerks, wollen manche Leute es sogar religiös privilegieren, weil sie argwöhnen, die maschinelle Arbeit sei von vornherein mit dem Virus des Marxismus infiziert. Ihnen gilt der heilige Josef als Patron der »Handwerker«, nicht der Arbeiter, die in ihrem Kalender gar nicht vorkommen.

Die technische Zivilisation

Im Licht dieser Transformation der Arbeitswelt – einer radikalen, das heißt an die Wurzel gehenden Transformation – lassen
sich die neuen – positiven oder mehrdeutigen – Werte abschät-
zen, die der Mensch aus diesem Prozess ziehen kann und mit
einem gewissen Überschwang tatsächlich zieht, solange er die
Maschine und ihre entpersönlichende Wirkung noch nicht zu
beherrschen vermag. Allenthalben stellen Wirtschaftswissen-
schaftler, Soziologen, Psychologen, Erzieher, Seeleningenieure
die Bilanz dieser neuen Situation auf, in der die Entwicklung der
Technik die sozialen *Strukturen* transformiert und eben dadurch
in eine Transformation der *conditio humana* mündet, in eine *Mentalität*, die ein Charakteristikum des Menschen der technischen
Zivilisation zu sein scheint, jenes Menschen, der sich bereits im
Jugendalter formt, und zwar nicht erst nach seinem Eintritt ins
Arbeitsleben, sondern schon in den Vorbereitungsjahren, in den
Lehrwerkstätten und in den Berufsfachschulen. Der Religions-
pädagoge wird also nicht nur über die Ergebnisse dieser Beobachtungen unterrichtet sein, sondern sie auch mit seinem eigenen Verstand durchdringen und von ihren Werten überzeugt
sein müssen. Fassen wir nun diese Bilanz zusammen.[10]

Negative Auswirkungen und neue Chancen der heutigen Kultur der Arbeit

Negativ schlagen zu Buche die unheilvollen Auswirkungen der
Entpersönlichung, bei der der Mensch an der Maschine schließ-

---

10   Vgl. die wichtigsten Hauptwerke von G. Friedmann, Les problèmes humains
du machinisme industriel, Paris 1946; Où va le travail humain?, Paris 1950.

lich landet, die Verkümmerung seiner Freiheit, seiner Initiative und seiner Entfaltung. Doch wir wollen uns nicht mit einer bitteren Verwünschung dieser bösartigen Wirkungen zufrieden geben, sondern ihre Ursachen erkennen. Die Entpersönlichung ist die normale Folge des Übergangs vom Werkzeug zur Maschine, vom Handwerk zur Fabrik, vom Metier zur Automatisierung. Somit hat sie, bei all ihrer niederdrückenden Wirkung und ihren Fehlern, auch ihre Wahrheit. Wir müssen beide abwägen, ohne Illusion, aber auch ohne jenen larvierten Manichäismus, die ständige Versuchung des Christen, der sich in den Antithesen Leib–Seele, Zeit–Ewigkeit, Materie–Geist ergeht. Die Ausgewogenheit des Urteils, eines evangelischen Urteils, eines moralischen Urteils, eines sozialen Urteils wird das Ziel und die schöne Frucht der Erziehung sein.

Negativ schlägt ferner zu Buche die kaum bewusste und daher umso schwerere Blockade, welche die technische Kultur im Geist des *artifex* anrichtet: Streben nach Effizienz, nach Schnelligkeit – zum Nachteil der Innerlichkeit und der geistigen Aufmerksamkeit; Geringschätzung der Kontemplation und der interesselosen Wahrheit; Einsatz von Mitteln, die den Menschen immer rezeptiver werden lassen; Rationalisierung des Geistes durch eine gar zu *wissenschaftliche* Behandlung der menschlichen Ressourcen; ausschließliche Ausrichtung auf das unmittelbare Ergebnis, auf eine kurzfristige Zufriedenheit, die in einem vagen materialistischen Paradies mythischen Charakters endet; Unverfügbarkeit für die geistigen Realitäten und Verkümmerung des Sinnes für das Mysterium.[11]

---

11   Man kann diese herbe Bilanz durchaus aufstellen, ohne der gängigen wohlfeilen Kritik an den Robotern, der fatalistischen Philosophie eines O. Spengler (Der Mensch und die Technik. Beitrag zu einer Philosophie des Lebens, München 1931, französische Übersetzung Paris 1958) oder der pessimistischen Theologie von J. Ellul, La technique ou l'enjeu du siècle, Paris 1954, zu verfallen.

An der Aufzählung dieser schädlichen Auswirkungen lässt sich ersehen, dass hier bedrückende Kehrseiten – aber eben nur Kehrseiten – neuer Möglichkeiten vorliegen, die dem Menschen zuwachsen aus der Auseinandersetzung mit der Natur, welche er heute mittels der Arbeit zu beherrschen hoffen kann. »Du hast ihn nur wenig geringer gemacht als Gott, hast ihn mit Herrlichkeit und Ehre gekrönt. Du hast ihn als Herrscher eingesetzt über das Werk deiner Hände, hast ihm alles zu Füßen gelegt« (Psalm 8,6f.). Der Erzieher wird also nicht in erster Linie auf das individuelle moralische Bemühen abstellen – das wäre in einer solchen Welt ein lachhafter Moralismus –, sondern zuallererst auf *die durch die Beherrschung der Materie eröffnete Perspektive auf einen allgemeinen Aufstieg der Menschheit*. Gerade die gewaltsamen Anstrengungen der unterentwickelten Völker finden eine beunruhigende Chance, aber auch eine legitime Hoffnung im technischen Fortschritt, der die wirtschaftlichen Erträge vervielfacht und das politische Bewusstsein unterfängt.[12] In einem solchen Kontext entdecken die Massen inmitten ihrer Rivalitäten die notwendige Solidarität, und der Christ wagt es, in dieser Zwangslage den Nährboden für eine brüderliche Liebe zu sehen.

Es ist – in kosmischer Dimension – einmal mehr dieselbe Ambivalenz. Eine Ambivalenz, die nicht nur Sache unseres individuellen oder kollektiven Ungenügens ist; sie ist diesen materiellen und moralischen Ressourcen inhärent sowohl in ihnen selbst infolge ihrer irdischen Begrenztheit als auch in einer Menschheit, die durch die Ursünde von ihren menschlichen und göttlichen Endzielen abgekommen ist.[13] Um diese Ambivalenz anzu-

---

12 Die Werke von T. Mende stellen auf die auch für Christen anregendste Art diesen Aufschwung, diese Hoffnungen und dieses Scheitern dar. Vgl. insbes. Regards sur l'histoire de demain, Paris 1954; Entre la peur et l'espoir, Paris 1958.
13 Vgl. D. Dubarle, Optimisme devant ce monde, Paris 1949.

prangern, muss man freilich die »Güter« kennen, denen diese Suspension droht, die aber ebenfalls Materie für die Gnade Christi in seiner fortdauernden Inkarnation sind. Mit welcher leidenschaftlich-frohen Hoffnung betrachtet also der Christ die Zivilisation der Arbeit, die, soziologisch gesehen, noch heidnisches *Missionsgebiet* ist, so wie China und Schwarzafrika geographisches Missionsgebiet sind!

Zur Reihe jener Werte zählen also: die Entdeckung der realen Konsistenz der materiellen Dinge – der Vorrang der Fakten vor der Ideologie – die Sensibilität für die Strukturen, für die wirtschaftlichen und sozialen Verhältnisse und damit für die so notwendige wie wohltätige Solidarität – der Sinn für das *Objekt*, für seine elementare Wahrheit, auch in der religiösen Symbolik, gegen den Bombast, die falsche Romantik, den frömmlerischen Konformismus, die schwülstige Predigt – in alldem das Streben nach Effizienz mit ihren asketischen Anforderungen und ihrem Appell zur Teamarbeit.

Subtiler: die zunehmende Entdeckung der Mobilität, Plastizität und Potentialität, die sich im Weltbild früherer Zeiten nicht zeigte. Daher denn auch auf allen Ebenen, die wir beobachten, *das Gespür für das Werden*, für den Fortschritt, der im Überschwang zwar zum Mythos mit seiner Naivität und seinen Illusionen tendiert, aber eben auch eine Hoffnung für die Welt und die Bedürfnisse der Menschheit nährt.[14] Schließlich auch ein Gefühl von Macht im *Reich des Menschen*, die mehr und Besseres als die *neolithische Revolution* in unseren Anfängen heraufführen wird, nämlich ein neues Zeitalter der Menschheit. Eine kollektive Versuchung, die sowohl die Massen als auch die Technokraten erfasst und gefährlicher ist als die aristokratische Versuchung des Pro-

---

14   J. Fourastié, Le grand espoir du XXᵉ siècle, Paris 1952 (dt. Die große Hoffnung des zwanzigsten Jahrhunderts, Köln-Deutz 1954).

metheus, der das Feuer aus dem Himmel stahl; vor ihr würde die evangelische Demut eine armselige Figur machen, wenn sie nicht, ihrem Wesen gemäß, die Wahrheit des Menschen in seinem Bezug zur Ehre Gottes wäre.[15] *Gloria Dei vivens homo*, hat der heute so gern zitierte Irenäus von Lyon gesagt.

Die Katechese findet in diesen Dingen zwar keinen neuen Inhalt, wohl aber neues Erdreich, das es einzusäen gilt, ungewohnte, neue Hörer der Frohen Botschaft, die zu allen Zeiten in einem stets aktuellen Dialog Gottes mit der Folge der Generationen verkündet wird.[16] Es wird einige Anstrengung kosten, bis ins geläufige Vokabular hinein die *Kategorien* einzulassen, in denen sich diese Werte des Berufslebens ausdrücken und die man allzu oft auf das reduziert, was das 19. Jahrhundert in seiner formalen Moral die *Standespflicht* nannte[17]: Zeit, Raum, Materie, Universum, Welt, Körper, Geld, Arbeit, Effizienz, Ertrag, Anstrengung, Erfolg, Gemeinschaft, Solidarität usw.[18] In der religiösen Unter-

---

15   Hier ist erneut auf das Werk von R. Guardini, Die Macht – Versuch einer Wegweisung, a.a.O., hinzuweisen; dort analysiert er die christliche Versittlichung dieses Machtgefühls im Menschen, das den Gegenpol zum Gefühl seines Elends bildet.

16   S. Legier, L'adulte des milieus ouvriers, Paris 1951.

17   Oder auf das, was die Wohlmeinenden des 19. Jahrhunderts in den *sozialen* Werken sahen, mit denen sie die ökonomischen Realitäten umhüllten, ohne wirklich in sie einzudringen oder sie gar zu verändern.

18   »Die Schemata und das Vokabular der christlichen Katechese, ihre Ausdrucksweisen, Symbole und Kategorien sind an einem naturnahen Ort entstanden und geprägt worden, der älter ist als das technische Zeitalter; es kann nicht verwundern, dass, auch infolge der Erstarrung der Formen, eine solche Darstellung des Christentums, die ganz von prätechnischen Mentalitäten her gedacht wurde, für unsere technische Menschen eine Sprache mit sieben Siegeln ist, die mit ihren Denkrahmen und Ausdrucksweisen, ihren Problemen und ihrer Sensibilität nichts zu tun hat. Die christliche Botschaft ist transzendent: Sie wird auf die höchste menschliche Weisheit stets skandalös wirken und mit den Geschöpfen, die wir sind, in gewissem Maß unvereinbar scheinen; wir sollten uns aber bewusst halten, dass der Gott der Liebe sich offenbart hat, um gehört zu werden, und dass die *Sprache* der Boten dem angemessen sein muss; Gott hat nicht für die Gehörlosen gesprochen. Die Menschen des technischen Milieus haben ein ganz klares Recht darauf, ihn in ihrer Sprache zu vernehmen« (Fr. Vincent, Orientations positives d'une pastorale en milieu technique, in: *Masses ouvrières*, Januar

weisung blieben sie bisher von der Mentalität der sogenannten freien Berufe geprägt, für die manche menschliche Tätigkeiten *knechtlich* sind, ebenjene, die ein Christ am Sonntag nicht ausüben darf. Kommt hinzu, dass es umso schwieriger wird, diese technisch-fachlichen Werte in den Wortschatz der *Spiritualität* zu überführen, als ihre Bezeichnungen und Definitionen mit der Philosophie der Aufklärung verbunden sind: die »Enzyklopädie« hat sie als erste in Umlauf gebracht.[19]

Die Arbeit vollendet die Schöpfung

Hier stößt die mentale Revolution, die von den technischen Transformationen in den objektiven Zielen und strukturellen Werten der Arbeit hervorgerufen wurde, auf die christliche Konzeption von der Welt und weckt in ihr schlummernde Werte. Wenn die Arbeit nicht *primär* durch die privaten Intentionen des Arbeitenden humanisiert und christianisiert wird, sondern in erster Linie durch die objektive Realität, die er herstellt, besser gesagt, wenn diese Realitäten den Vollsinn der persönlichen Tugenden und das kollektive Schicksal des arbeitenden Menschen bestimmen, dann lässt uns dies die höchste, letzte *Bedeutung* der Arbeit, des Berufs, der Konstruktion der Welt im Gesamtplan des Schöpfergottes entdecken: Gott hat kein fertiges Universum erschaffen und dann den Menschen einfach hineingesetzt, gleichsam wie einen Engelsgeist in eine heterogene Materie oder wie den fremden Betrachter einer Landschaft, die bald faszinierend,

---

1954). Und vom selben Autor ein früherer Artikel: Mentalité technique et enseignement religieux, ebd. Juni 1953.
19   Aus der überreichen Literatur über die Zivilisation der Arbeit nennen wir hier nur: H. Bartoli, Science économique et travail, Paris 1958.

bald bedrückend ist. Gott hat den Menschen dazu berufen, *sein Mitschöpfer in der zunehmenden Organisation eines Universums* zu sein, dessen Demiurg und Gewissen er, das *Abbild Gottes*, sein soll. Er ist gerade und zuerst Abbild Gottes, und damit ist er, vereint mit seinem Schöpfer, der Herr und Baumeister der Natur.[20] Wenn zu dieser Bestimmung hinzukommt, dass Gott in einer ungeschuldeten Initiative sein geheimes Leben durch persönliche Liebesbeziehungen mitteilt, wird dies der ersten Rolle, die innerhalb einer neuen Ökonomie, in der Gnade, auf geheimnisvolle Weise abgelöst wird, keinen Abtrag tun. Die Berufung der Menschen wird ihren Ort, ihr Betätigungsfeld und gewissermaßen ihre Regel in der Struktur, den Beschäftigungen und den Sinnzielen der menschlichen Natur finden.

Kurz gesagt: Um Grund und Begründung der Arbeit, christlich gesprochen ihre Spiritualität, unbeschadet weiter gehender, vielleicht *spirituellerer* Intentionen zu bestimmen, muss man in der Berufsausbildung und -orientierung des künftigen Arbeiters einer Theologie der Schöpfung von neuem ihre Wahrheit und ihre Bedeutung einräumen. Hier geht es nicht nur um den Initialakt Gottes *in principio*, sondern um die fortdauernde Aktion einer *creatio continua*, in welcher der Mensch als freier und verantwortlicher Beauftragter wirkt. Wenn aber die Theologie verarmt ist, wird es nichts mit der Katechese. Während die theologischen Handbücher weder Kraft noch Intelligenz auf den Schatz der Tradition gewendet haben, weist die Katechese ein beklagenswertes Missverhältnis zwischen ihrer frommen Literatur und den Veröffentlichungen auf, aus denen sich die Her-

---

20 Während in der Innerlichkeitsmystik, deren Lehrer Augustinus war und bleibt, das Abbild Gottes in der psychischen Struktur der Seele besteht, finden die griechischen Väter, insbesondere die antiochenischen Lehrer, die primäre Grundlage des Abbildseins in der kosmischen Rolle des Menschen.

anwachsenden mit Feuereifer über die zunehmende Beherr-schung der Naturkräfte durch den Menschen informieren. Das ist nicht einfach ein psychologisches Unvermögen, sondern ein theologischer Irrtum, der darin besteht, dass man auf den vom ersten Sputnik ausgelösten Rausch mit dem galligen Rachege-fühl einer läppischen Eschatologie antwortet.

Es ist lange her, dass nicht nur die hochgescheiten Theologen, sondern auch die einfachen Gläubigen von dem Gefühl ihrer Ge-schöpflichkeit umgetrieben wurden. Dieses Gefühl gilt es zu erneuern, und zwar nicht nur durch ein zusätzliches *Lehrstück* im Katechismus, sondern durch den Schock, der durch die Entde-ckung ausgelöst wird, dass die Welt im Wandel begriffen ist. Kurz und gut: Es geht darum, den *genauen Sinn des Rückbezugs auf Gott im Sein und im Werden der Dinge* – ob dieses sich nun der Entwick-lung der Natur oder der Tätigkeit des Menschen verdankt – *neu zu denken*. Dieser Rückbezug auf Gott definiert die Religion (*re-ligare*). Er impliziert Abhängigkeit, die nicht nur in der metaphy-sischen Explizitation ausgesagt wird, sondern auch für die reli-giöse Wahrnehmung gilt; von daher die Anbetung, die Demut usw. Es ist ein Rückbezug, der einseitig bei uns einsetzt, denn der transzendente Gott hat keinen Rückbezug zu seiner Schöpfung. Es ist ein lebendiger Bezug, der sich nicht in einer vernichtenden Passivität vollzieht, sondern in der Autonomie einer Freiheit, die das größte Geschenk des Schöpfers ist, der Partner will. Also eines Gottes, der sich in einer Emanation (die mittelalterlichen Theo-logen haben keine Angst vor diesem Wort), einer Emanation sei-ner Liebe mitteilt, wenn es denn stimmt, dass der Liebende dem Geliebten die Fähigkeit schenken will, frei auf die totale Gratu-ität seiner Liebe zu antworten.[21] Daher denn auch die Kritik an

84

---

21 Der Kürze halber belassen wir diesen Theoremen ihre abstrakte Aussage-form. Allerdings sollte man wissen, dass sie in den theologischen Schulen so nur

einer entfremdenden Religion, deren Kennzeichen der falsche Idealismus einer Weltflucht des Menschen ist.

Die Materie, Teilhabe am Sein Gottes

Dieses liebende Sichausdehnen des Schöpfergottes reicht bis in die letzten Bezirke des Seins, dahin, wo es die geringste Dichte hat, in das, was wir *die Materie* nennen. Auch die Materie ist eine Teilhabe am Sein Gottes, die sich so in der ontologischen Abstufung der Seienden fortsetzt. Der Mensch nun ist Materie und Geist, Geist-Materie, und somit der Knotenpunkt dieser heiligen *Communio* zwischen Materie und Geist; er trägt von Gott her die höheren Ressourcen des Verstandes und der Liebe bis in die Materie hinein, die er, beginnend bei seinem Leib, mit diesen geistigen Werten durchdringt. So ist er Mitarbeiter, wir würden (wenn das Wort nicht zweideutig wäre) sagen: Mitschöpfer des Universums. Er ist damit beauftragt, jene Abfolgen von Seienden in sich zu versammeln, deren letzte Stufen in der Natur offenkundig des Verstandes und der Liebe nicht fähig sind und daher nicht zu ihrem Schöpfer zurückkehren können. Der Mensch in seiner aus Verstand und Liebe bestehenden Freiheit ist der Demiurg dieser Rückkehr. Es ist eine kaum zu sagende Abhängigkeit, deren *actus proprius* sich in einem solchen Wirken realisiert.[22] Diese traditionelle Sicht findet heute eine starke Stütze in der Ausübung dieser Herrschaft des Menschen über das Universum.

---

unter dem Druck einer glühenden *religiösen* Hellsicht und in der Meditation der biblischen Texte formuliert und erarbeitet wurden und dass diese religiöse Inbrunst sich auch den einfachen Leuten außerhalb der abstrakten Denkwelt der Schule mitteilen konnte, wenn sie die Heilige Schrift lasen und sich von ihrer bildlichen Gestaltung bewegen ließen.

22 »Der Mensch webt seine Geschichte, anders gesagt, er wirkt mit Gott mit« (Pius XII. in seiner *Weihnachtsbotschaft* 1956).

Ganz gleich, welche Interpretationen und Hypothesen die Wissenschaftler über die Genese der Welt entwerfen (dies ist nun einmal ihr Geschäft) – der Mensch als Geschöpf, der religiöse Mensch kann künftig das Gefühl seiner Geschöpflichkeit mit diesem grandiosen Schauspiel nähren. Er kann es von seinen Anthropomorphismen reinigen, kann es in einer sachgerechten Verbindung von Abhängigkeit und Autonomie ausgewogen ausbilden.[23] Nie zuvor hat die Begegnung von Mensch und Natur ein solches Bewusstsein erzeugt, in dem das biblische Offenbarungswort von der Schöpfung, die Quelle nicht nur einer gelehrten Theologie in den Hochschulen, sondern auch des gläubigen Verstehens in der Katechese, neu zur Geltung kommen kann. Und gerade die Arbeit ist recht eigentlich der Akt dieser Begegnung von Mensch und Natur. Dort, mitten in ihrem Vollzug, und nicht in einer frommen Überfrachtung, findet sie ihren religiösen Sinn.

Profanisierung der Welt und Heiligung der Welt

Hier tut sich ein weiteres Problem auf, das wir lediglich zu benennen brauchen. Der sakrale Charakter, den die Arbeit sowohl in den primitiven Kulturen als auch in der schlichten Denkweise der frühen Christen besaß, scheint von Auflösung bedroht, sobald der Mensch den Anspruch erhebt, dieses Universum selbst zu bauen, und sich als eigentlicher, freier Urheber dieser Transformationen legitimerweise deren Ergebnisse und Werte zurechnet. Diese Welt, diese Weltkonstruktion werden nicht mehr als *mirabilia opera* dem Eingreifen Gottes zugeschrieben, sie werden *profan*. Das ist wahr. Es ist so wahr, dass man diese Profanisie-

---

23 Vgl. L. Jerphanion, Servitude de la liberté, Paris 1958, bes. Kap. I: »Le mystère de la création«, und Kap. 3: »Providence divine et liberté humaine«.

rung, diese menschliche und kosmische Entgöttlichung geradezu am Fortschritt der technischen Zivilisation, ihrer Industrialisierung und ihrer Einwirkung auf den Menschen messen kann. In dem Maße, wie sie auf den geographischen Kontinenten der unterentwickelten Völker, aber auch auf den sozialen Kontinenten der Arbeitswelt inmitten der Christenheit zunimmt, ist das Sakrale individuell und kollektiv auf dem Rückzug. Es kommt zur Säkularisierung der Gesellschaft im neuralgischen Zentrum ihres Baus, der Arbeit.

Eine tragische Verkettung nicht nur für das Herz des Christen, sondern in der objektiven Situation der Botschaft des Evangeliums. Wir müssen sie anerkennen und ihre Ambivalenz und ihre Ursachen in der neuen Zivilisation ausmachen, um darin den Punkt zu entdecken, von dem aus die Arbeit ihren religiösen Sinn innerhalb der im Gang befindlichen Schöpfung wiedergewinnen kann. Der Bezug zu Gott, der diese sakrale Qualität stiftet, muss sich gründen auf seine wahre und wirkliche Verwurzelung nicht in der Anrufung eines Gottes, der unsere Unbedarftheit kompensiert, sondern im positiven Handeln, das wir unter Gottes schöpferischem Einwirken vollziehen. Die Grundlage von Gottes Gegenwart ist nicht unser Scheitern, sondern unser Gelingen. Gott ist nicht nur da Schöpfer, wo unsere Unternehmungen sich als ohnmächtig erweisen und wo wir nicht weiterkönnen, sondern im Gegenteil genau da, wo ich mit voller Wirkung in Aktion begriffen bin. *Je mehr ich arbeite, umso mehr ist Gott Schöpfer*, genau in dem Sein, das er mir schenkt, und zwar so sehr schenkt, dass er mich zum freien Herrn darüber macht.

Wir müssen zugeben: Das Sakrale wurde in manchen theokratischen Konzeptionen von Religion mehr durch *mirabilia*, die den Gang der Dinge und der Freiheit unterbrachen und in die Zweitursachen eingriffen, und durch den Rückgriff auf das Wunderbare und seine Wirkung erfahren und ausgedrückt als durch die Immanenz der Gottheit im Sein und Handeln der Kreatur. Es bedarf einer Läuterung, dank deren das wahre Sakrale – einschließlich des Sakralen der biblischen Geschichte – nicht durch den Übergang zum Profanen verletzt wird, den die Autonomie des menschlichen Handelns impliziert. Wenn wir die Zweitursachen anerkennen, heißt das nicht, dass wir die Erstursache ausschalten, es heißt vielmehr, dass wir ihr da die Ehre geben, wo ihre Großmut am hellsten leuchtet. Wenn wir uns auf den Schöpfer beziehen, so ist das keineswegs Selbstentfremdung. Wenn wir uns der Arbeit, dem Aufbau der Welt widmen, dann realisieren wir dank dieses bewussten Bezugs die *consecratio mundi,* wie Pius XII. das wichtige Tun des Christen in den profanen Unternehmungen, das Tun des christlichen *Laien,* definierte.[24] Es ist die alte Lehre, der zufolge es keineswegs auf der einen Seite die Religion und auf der anderen die Alltagsgeschäfte, die Arbeit usw. gibt; wir sehen jetzt deutlicher, dass sie nicht nur auf der Ebene der Sittlichkeit, sondern in der christlichen Sicht der Welt und der Geschichte von Belang ist. In sich selbst und nicht in einem frommen Überbau findet die technische Zivilisation die Grundlage und die Gesetze ihrer Spiritualität.

Diese Läuterung des Sinnes für das Sakrale muss sich mittels einer klarsehenden, gesunden Pädagogik auch auf dessen rituelle Äußerungen erstrecken, die ja ebenfalls allzu oft von mehr oder weniger bewussten Missbildungen behaftet sind. Würde man beispielsweise die Bittprozession restaurieren, so wäre dies ein Vorgehen, das nicht nur einen psychologischen Widersinn enthielte, sondern ein Scheitern für die *Wahrheit* des Kultes bedeutete. Die Bittprozessionen spiegeln in der christlichen Reli-

---

24 Pius XII., Ansprache an den Weltkongress der Laien, September 1957. Vgl. É. Ribeau, Consécration. Le christianisme et l'activité humaine, Paris 1945.

gion die agrarischen Riten wider, die durchaus wahr sind, aber mit einer antiquierten Wirtschaftsform zusammenhängen: Die Materie in ihrer Symbolkraft, die ihnen einen sakralen Wert verlieh, ist heute von ihrem Gehalt und ihrer Symbolfähigkeit gelöst; *die Wahrheit des Symbols, die lebendige Quelle seiner sakralen Kraft, ist in den neuen Formen und in der menschlichen Wahrheit einer ganz anders gearteten Wirtschaft anzutreffen* – ohne dass das Fürbittgebet darunter Schaden leiden müsste. Und dies gilt für das gesamte christliche Ritual. Die Einwurzelung des Sakramentalen in den neuen Völkern Schwarzafrikas oder Indiens verlangt, wenn sie *wahr* sein soll, die tiefe Kenntnis der mentalen und sozialen Verhaltensweisen speziell des arbeitenden Menschen, die den abendländischen religiösen Einstellungen unbekannt waren.

Ein recht heikles Problem, das in einer Kirche, welche die gnadenhafte Vollmacht hat, Sakramente und Feiern zu organisieren, in denen die Naturriten in das Gedächtnis der geschichtlichen Taten Christi hineingenommen werden, sicher nicht in jedermanns Belieben gestellt ist. Doch kann man schon im Voraus sagen, dass die eng archäologische Sicht ein Irrtum ist, und zwar nicht nur liturgisch, sondern theologisch, weil sie das Sakrale an überholte symbolische Formen bindet. Die Initiation in die Mysterien, ein Hauptstück der Katechese, und die sakrale Atmosphäre, die sie impliziert, werden die Aufgabe haben, den Gesten und Taten der Menschen in den verschiedenen Kulturen in Zeit und Raum sakralen Charakter zu verleihen.

Beruf und Berufung

Kommen wir in diesem ganzen großen Schauspiel zu der Arbeit, die jeder Einzelne an dem Platz tut, an den ihn die göttliche *Welt-*

lenkung hingestellt hat und an dem sie ihn leitet, dann sind wir in der Lage, seinen (profanen) *Beruf* und seine (religiöse) *Berufung* miteinander ins Verhältnis zu bringen; sie bilden eine doppelte und einzige Realität, die ein gewisser Supranaturalismus auseinanderreißt, indem er den Beruf der *Natur* zuweist und die Berufung als *Gnade* hochlobt.

Da der Mensch in der schöpferischen Expansion an die Verbindungsstelle zwischen Materie und Geist tritt, ist seine organisierte Arbeit, sein Beruf, genau der Ort, an dem er für je seinen kleinen Teil den Schöpferplan verwirklicht. Ihn dort, gemäß seinen Gesetzen, zu erfüllen, das heißt, in die Vorsehung Gottes einzutreten. Manche ein wenig holzschnittartigen Formeln unserer christlichen Vorväter haben diese wunderbare Wahrheit in aller Unschuld ausgedrückt. Diese Wahrheit wird durch die fachlich-technische Seite der Arbeit oder durch deren Spezialisierung keineswegs gemindert, sie bleibt gültig; sie ist, wie wir sehen werden, sogar noch leuchtender aufgrund des Geflechts, in das die allgemeine Vergesellschaftung der Arbeit jeden Arbeitenden hineinzieht. In der *consecratio mundi* versieht das Berufsleben ein heiliges Amt, indem es Verantwortung für einen der heute zahlreich gewordenen und immer enger zusammenhängenden Sektoren im Bau der Welt übernimmt.

Und hier kommt, wie ein Goldfaden im Gewebe, die *Berufung* ins Spiel. Das Wort ist wie die Sache selbst recht eigentlich christlich. Wahrscheinlich ist es unter den Kategorien, die zur Situierung und Beurteilung des Menschen dienen, genau jene, mittels deren er sich am deutlichsten als Christ erzeigt. Die Berufung ist der Ruf, der Aufruf Gottes, der erste Akt jener Bindung im Dialog, welche die Grundlage der christlichen Ökonomie bildet, der großen Heilsökonomie des Wortes Gottes an die Menschheit und der Ökonomie der individuellen Gnaden des zu jedem Einzelnen gesprochenen inneren Wortes. Sie ist also, in der Gemeinschaft des auserwählten Volkes, eine Beziehung von Person zu Person: ein Liebesgespräch, in dem jeder bei seinem Namen gerufen wird. Seinen Namen im Gedanken Gottes zu erkennen, heißt bereits in seine Liebe einzutreten und in einer unaussprechlichen und unhintergehbaren Intimität ihre erste Provokation anzunehmen. Mit einem Mal bin ich gepackt, allem entrissen und von allen anderen losgelöst, um mich dieser Liebe, dieser eifersüchtigen Liebe auszuliefern. Gott ruft mich. Wie könnte ich da nicht antworten? Wie nicht alles andere fahren lassen? Dialog des Liebenden und des Geliebten: das Thema aller spirituellen Menschen in der Gestalt der Braut aus dem Hohenlied.

Hier stehen wir innerhalb der spirituellen Geographie an der Gegengrenze jenes kosmischen Bereichs, in dem der Mensch soeben noch in seinem Menschsein seine Zugehörigkeit zur Welt erfuhr, in dem die Arbeit der Spitzenort seiner notvollen und siegreichen Auseinandersetzung mit der Natur war. Jetzt, da er sich selbst entdeckt, indem er in der Liebe die Tiefe seines Geistes entdeckt, ist er fremd in der Natur. Da stehe ich nun, dank dieser Begegnung in souveräner Selbstbestimmung, mit Hilfe eines Geschehens, in dem die harte Objektivität der Dinge mich nicht mehr dazu zwingt, aus mir herauszutreten, ich bin nicht ihresgleichen. Armselig ist die Maschine gegenüber dieser inneren Einkehr, eitel der Fortschritt und sein allzu kurzfristiger Nutzen gegenüber dieser köstlichen Gratuität. Töricht jenes fieberhafte Treiben, da doch das Schweigen der Ausdruck meiner Liebe ist. Und gegen die oberflächlichen Zerstreuungen steht die unaussprechliche Erfahrung des Mysteriums, die immer auch eine gewisse Abneigung gegen die maßlose Macht der Technik und ihres rationalisierten Universums einschließt. *Vanitas vanitatum* nennt es Kohelet in seinem Pessimismus.

Der Mensch im Horizont zweier Welten

Es ist durchaus nicht falsch, den Heranwachsenden zu dieser Entdeckung seiner selbst hinzuführen, wenn wir die komplexen, stürmischen, aber lebensvollen Ressourcen seines psychischen Wachstums beachten. Seine extreme Sensibilität macht ihn zugänglich dafür, sich seiner Spontaneität bewusst zu werden; die Ambivalenz seiner Instinkte offenbart ihm, gerade da wo sie unerfreulich ist, die Tiefe einer Seele, die an der Grenze zwischen Materie und Geist ihren Ort hat. Die ersten Erfahrungen der Freiheit lehren ihn durch ihren Rausch eine gewisse Lässigkeit im Umgang mit den Anforderungen der zivilisierten Gesellschaft. Man kann ihm die Ahnung vermitteln, dass die Pflicht zur Arbeit beherrscht und geregelt wird von der Muße in ihrer Gestalt von Entspannung und Kontemplation und Feier des Sonntags. Der Wert des Gebets wird sich erweisen mit dem erregenden Mysterium seiner ersten schicksalhaften Erlebnisse. Er wird bereit sein, das Wort Gottes zu hören, das der menschlichen Geschichte ihren Sinn einstiftet, auch wenn sie frei ist, irdische Gemeinwesen zu errichten. Die Entscheidung der Einsiedler, von Antonius von Ägypten bis zu Charles de Foucauld, wird ihm in ihrer Exzentrizität nicht nur als Zeichen für die Exzesse der Gottesliebe erscheinen, sondern als wirksamer Beitrag zu einer brüderlichen Menschheit.[25]

Kurz gesagt: *Der Mensch wird im Horizont zweier Welten stehen*, wie schon die Alten sagten, *des Universums der Materie und des Universums des Geistes, die in ihm kongenital geeint sind.* Er ist Leib *und* Seele, und zwar so konsubstantial, dass man eigentlich das *und* vermeiden müsste, da es einen Dualismus zu enthalten scheint, der sich

---

25   A. Bion, Éducation spirituelle et sens divin du métier, in: *Cahiers du clergé rural* 181 (1956), 347–357.

fatalerweise dazu eignet, das geistige Leben und die materiellen Sorgen zu trennen und einen den religiösen Bedürfnissen vorbehaltenen Verstand gegen eine für die irdischen Angelegenheiten zuständige praktische Vernunft abzusetzen. Als gäbe es Stunden der Entspannung, in denen jemand Mensch sein und sich mit Gott vereinen kann, nachdem er seine tägliche stupide Knechtsarbeit verrichtet hat. Diesen Dualismus anzuprangern heißt nicht, auf eine moralische Taktik zurückzugreifen, es heißt vielmehr, an der Wahrheit der *conditio humana* festzuhalten – gegen den fleischlosen Spiritualismus, gegen den frommen Formalismus, gegen die Entfremdung, die den Christen vorgeworfen wird. Diesen Dualismus anzuprangern heißt auch, an der Wahrheit der göttlichen Liebe festzuhalten, die uns alle denkt und liebt – nicht weil wir reine, zufällig in sterbliche Körper geratene Geister wären, sondern weil wir, bis in die Individualität unseres Fleisches hinein, vermöge einer Inkarnation Gottes solidarisch sind. Unser Temperament, sagen die Theologen, unser Ort in Raum und Zeit, unsere wirtschaftliche Lage, unsere gesellschaftliche Rolle gehen in unsere Prädestination ein. Im *Beruf* steht die *Berufung* auf dem Spiel. Der ganze Plan Gottes, dessen Etappen Paulus im ersten Kapitel des Epheserbriefs beschreibt, hat da seinen Anwendungspunkt und den Maßstab seiner Wirkkraft; es ist der Testfall einer Liebe, die sich selbst täuschte, würde sie die Wesen, die sie an-ruft, voneinander trennen.

Mit dieser Dialektik von Mensch und Welt kommen wir auf unsere frühere Analyse zurück: Produzieren ist authentisch und im Vollsinn ein *actus humanus* und in göttlicher Dimension ein Tun nach dem Bild des Schöpfers. Es hat sicher nicht die hervorragende Würde der inneren Werke des Verstandes und der Liebe, und die Determinismen der Materie, in denen es sich zwangsläufig abspielt, setzen ihm selbst in seinen Erfolgen ziemlich hart zu; so bewahrt es ein Empfinden für ein Jenseits seiner selbst. Man darf es aber deshalb nicht in eine niedrigere Zone abdrängen, in der das In-der-Welt-Sein des Menschen überhaupt nichts mehr mit der göttlichen Bestimmung seines Geistes und Herzens zu tun hätte. Gott, der Mensch, die Welt – in der göttlichen Entscheidung, als Schöpfer tätig zu werden, ist all das eins; der Mensch sichert in seiner Freiheit und nach dem Plan Gottes diese Kontinuität: Er ist Demiurg des Universums, weil seine Natur ihn über die große Natur stellt, und genau damit unterhält er antwortend den Dialog, zu dem ihn Gott persönlich einlädt. Die Konstruktion, der Aufbau der Welt geht in seine Berufung ein.[26]

Die Geschichte der Kirche, die Geschichte der Christen in der Welt, zeugt von dieser Einheit, gerade in Zeiten, in denen ein evangelisches Erwachen den Christen aus der irdischen Trägheit herausriss und die eschatologische Obsession vom Ende der Zeit neu anfachte. Damals haben die Boten des Wortes Gottes den Platz der Gnade in den verschiedenen Bereichen des Lebens – Landarbeit, Muße, Produktion, Bautätigkeit – eingefordert und die profanen Berufe sakralisiert. Die mittelalterlichen Körperschaften bleiben zweifellos an die Christenheit eines Zeitalters gebunden, in dem die theokratischen Verquickungen weder in der Politik noch in der Ökonomie aufgelöst wurden. Ist aber erst einmal die Autonomie des Irdischen beim christlichen Laien als ein Fortschritt erkannt, dann bleibt die Gnade des Herrn bei ihr, und zwar durch Glaube, Hoffnung und Liebe, in einer einzigen

---

26 Man lese das erste Kapitel von H.U. von Balthasar, Die Gottesfrage des heutigen Menschen, Wien 1956, in dem der Autor die Situation des Menschen anhand seines dreifachen Bezugs definiert. In der Gesamtperspektive »Christus die Hoffnung der Welt« sah der Ökumenische Rat der Kirchen (Evanston 1954) auch das Berufsleben des Christen: Der Christ in seinem Beruf, Zürich 1954; R. Guelluy, Le travail dans la vie du chrétien, Brüssel 1953.

– kosmischen und menschlichen – Natur, deren Gesetze nunmehr der Vernunft des Menschen unterstellt und gleichsam in die Reichweite seiner Hände gerückt sind. Der Christ, der sich beim Aufbau der Welt engagiert, fällt weder aus dem *geistigen* Leben heraus, noch verlässt er die Kirche Christi.

Die Arbeitsgemeinschaft

In unserer ganzen Analyse war der Punkt der Reflexion, der sie nötigte, über die traditionelle menschliche und christliche Vorstellung von der Arbeit hinauszugehen, der kollektive Charakter, den selbst die kleinste Aktivität in der technischen Zivilisation von heute annahm. Wir haben zwar zunächst das objektive Eigengewicht der Arbeit festgestellt, die ihre Konsistenz gewissermaßen außerhalb der Hand des Menschen annahm und unabhängig von den Intentionen des Arbeitenden ihr Leistungsziel verfolgte und ihren Wert gewann. Genau dies aber, was uns als physisch und moralisch entscheidend erschien, hatte solche Bedeutung nur aufgrund einer hochgradigen Vergesellschaftung dieser Arbeit während ihrer gesamten Ausübung – vom Entwurf über die Ausführung bis zur Distribution des Endprodukts.

Das Werkzeug war etwas Persönliches, es war vollständig von der Geschicklichkeit und den Reflexen der Hand beherrscht; die Maschine ist autonom, sobald sie einmal konstruiert ist, wie eine Intelligenz, die in unfehlbarem Determinismus ihre Kalkulationen anstellt. Man könnte zu ihren Gunsten und zu ihren Ungunsten sagen: Die Maschine ist ein entpersönlichendes Etwas. Der Arbeiter verliert die menschliche Würde des Handwerkers. Aber siehe da: Diese Maschine, die entpersönlicht, erlegt den entpersönlichten Menschen eine Solidarität auf, die sie, auch gegen ihren Willen, in der Herstellung wie in der Distribution der Produkte zusammenhält. Die Industriekultur ist eine *vergesellschaftete* Kultur.

Nächstenliebe und Gerechtigkeit

Vielleicht noch mehr als die materielle Härte der Maschine hat diese Solidarität den Christen überrascht: Sie trifft ihn am sensibelsten Punkt seines Gesetzes, des einzigen, aus dem Evangelium resultierenden Gesetzes: der *Liebe zum Nächsten.* Mein Nächster? Das Wort füllt sich mit einem von dem alten Handwerker nicht geahnten Inhalt; er arbeitete für bekannte Personen, konnte das Netz seiner Beziehungen leicht durchmustern, ermaß sehr rasch die Mittel und Wege der Gerechtigkeit und der Nächstenliebe und erlebte wie der Samariter aus dem Evangelium geradezu physisch die Regung des Mitleids. Wer ist also heute mein Nächster, in dieser unüberschaubaren Welt, in der ich nicht weiß, für wen ich arbeite, wo der Zweck meiner Produkte und erst recht ihr Nutzen sich meiner Kenntnis entzieht, wo die Zerstückelung der Aufgaben mir jeden Einblick in ihren genauen Inhalt verwehrt, wo die Anonymität die schiere Folge der Mechanisierung in Distribution und Produktion ist, wo die Konzentration von Unternehmen die Zahl der treffend so genannten *Sociétés anonymes* [Aktiengesellschaften] vermehrt, wo der *Chef* von einst durch den Technokraten ersetzt wird? In diesem materiell und psychisch rigiden System ist das Problem nicht mehr die Liebe, sondern die *Gerechtigkeit.* Von nun an wird jede Forderung im Namen der Gerechtigkeit erhoben, im Namen der Gerechtigkeit organisieren sich die menschlichen Beziehungen als Geflecht von Rechten und Pflichten, aus dem die Nächstenliebe als das rein subjektive Gesetz einer dem Paternalismus unterworfenen und allein der Barmherzigkeit überantworteten infantilen Gesellschaft verbannt ist. Die *sozialen Dienste* ersetzen die Wohlfahrtseinrichtungen. Die harte Objektivität der Arbeitswelt führt zur objektiven Wahrheit der Gerechtigkeit als höchster Tugend der neuen Gesellschaft. Es ist ein Fortschritt des Menschen in der Geschichte, der eine gewisse christliche Empfindsamkeit mit ihren »guten Werken« und ihrem aufs Handwerk ausgerichteten Wirken deklassiert.

Es ist theoretisch nicht schwierig, Wahrheit und Irrtum in dieser Konzeption der menschlichen Beziehungen, die unter dem Druck der neuen Strukturen und ihres Einflusses auf die soziale Lage des Menschen gängig geworden ist, zu entwirren. Doch damit diese Unterscheidung in der Vorstellungswelt des Hörers wirksam werden kann, muss sie sich auf eine knappe Analyse der beiden großen Tugenden Gerechtigkeit und Liebe stützen, Tugenden, die zwar aus dem Evangelium kommen, aber dann von der traditionellen Theologie in tief dringender Erkenntnis breiter entwickelt worden sind. Ja, die Gerechtigkeit mit ihrer Gleichheit der Rechte entpersönlicht die Beziehungen, und die Rigidität, die ihrem Zweck entspricht, eliminiert die konkrete Geschmeidigkeit und die überraschenden subjektiven Regungen der Liebe. Hat also die Liebe zum Nächsten noch einen Platz in einer Welt, die selbst in ihren brüderlichen Diensten der entpersönlichenden Technik ausgeliefert ist?

Der Bote des Evangeliums findet ohne weiteres Antwort und Bestätigung in der Erfahrung, die er, den Psychologen und Soziologen folgend, in der Arbeitswelt beobachtet: Es gibt kein Milieu, in dem die brüderliche Liebe allgemeiner verbreitet und spontaner wäre, in dem die gegenseitige Hilfe so eindeutig zum sozialen Gewebe des Alltagslebens gehörte. Schauen wir nach der tieferen Ursache dieser beeindruckenden Tatsache.

Die Faktoren, dank deren die Menschen sich zusammentun und auf diese Weise in unterschiedlichen Bereichen den sozialen Charakter ihrer Natur realisieren, der für diese Natur so wesentlich ist, dass sie abstirbt, wenn sie seiner beraubt wird, diese Faktoren lassen sich in dreien zusammenfassen: das *Blut*, der *Ort* und die *Tätigkeit*. Das Blut schafft die eheliche und verwandtschaftliche Gemeinschaft, der Ort stiftet die nachbarliche Gemeinschaft, dann das Viertel, das Dorf, bis hin zu Gemeinschaft der Nation, die Tätigkeit schließlich lässt den Menschen sich mit seinen Kameraden und Kollegen solidarisch fühlen. Form, Eigenschaft, Intensität und Wirkung dieser drei Gemeinschaften sind je nach Epoche, Region und Kultur höchst unterschiedlich; ihre Vielfalt manifestiert lediglich ihre Notwendigkeit und illustriert ihren Wert.[27]

Manche Perioden der Menschheitsgeschichte sind in hohem Maß vom zumeist stürmischen Wachstum der geographischen Gemeinschaften bestimmt, deren Höhepunkt in der modernen Kultur die Nation darstellt, und gerade in diesen Spitzenzeiten sind die kommunitären Bande der arbeitenden Menschen seit einem Jahrhundert durch die intensive Entwicklung der Technik und durch die Stellung der Wirtschaft in den Gesellschaften enger geworden und haben eine Rolle gespielt, wie sie in früheren Jahrhunderten unbekannt war. Die Arbeit ist zum Ort menschlicher Solidarität geworden, deren Intensität und Wucht in ihrem Bereich der Intensität und Wucht der geographischen Solidarität gleichkommt; bald speist sie eine starke Spannung zwischen Nationalismus und Sozialismus, bald erzeugt sie öko-

---

27 Dieses einfache Schema der Quellen des kommunitären Phänomens ist entfaltet in F. Perroux, Communauté, Paris 1946.

nomisch-politische Komplexe, in denen wohl oder übel nationale Interessen und Klasseninteressen zusammenkommen.

Aus dieser soziologischen Macht der Arbeit erwachsen zahllose Probleme: um die Formen von Verbänden, um Klassen, um die Integration in die menschliche Gemeinschaft insgesamt, um die Moral. Auf Schritt und Tritt wird der Christ von sämtlichen Versuchen, von allen Experimenten, von jedem Scheitern betroffen, denn letzten Endes wird für ihn das evangelische Problem der Bruderliebe genau hier konkret, und hier findet es seinen Anlass und gewinnt sein ganzes Maß. Natürlich darf diese Arbeitssolidarität nicht zu Lasten der nationalen Solidarität gehen, noch weniger zu Lasten des Familienzusammenhalts. Man muss jedoch klar sagen, dass *die Arbeitssolidarität ein Keimboden für die brüderliche Liebe ist.* Und wenn diese Solidarität unter dem entpersönlichenden Zwang der Planwirtschaft oder der Konzentration der Unternehmen geübt wird, wird man die Gewalt anprangern müssen, die der Freiheit und dem Verhalten des Einzelnen angetan wird, jedoch ohne deshalb zu ignorieren, dass so ein Prozess der Bewusstwerdung in Gang gesetzt wird. Aus der Geschichte der Arbeitswelt ist vieles zu lernen. Diese Bewusstwerdung spielt sich übrigens zwangsläufig auf allen Ebenen ab, bei Technokratien wie bei ungelernten Arbeitern, und geht in alle Richtungen, horizontal wie vertikal. Die Entwicklung der Unternehmensstrukturen, das Zusammenspiel von Kapital und Arbeit sind gewiss profane Probleme, aber in ihnen ist die christliche Sensibilität der brüderlichen Liebe lebendig, und zuweilen stört sie die Pläne der Ingenieure und Ökonomen.

Ein Christ, der sich den Transformationen der Arbeit verschließt, wird den Umfang, die Schwierigkeiten, die Delikatesse dieser neuen und so vielfältigen Materie, die sich da für das Gesetz des Evangeliums bietet, nicht ermessen können. Er wird versucht sein, sich auf die zwischenmenschliche Caritas zurückzuziehen, und seinen Nächsten nicht mehr erkennen, wenn er ihm nur mittels des Geflechts eines vergesellschafteten Apparats begegnet. Er wird sich nicht auf das Niveau begeben, das Pius XI. »politische Caritas«, »christliche Liebe in der Politik«, genannt hat,[28] das heißt jene Liebe, die das Gemeinwohl des Gemeinwesens zum Ziel hat, hier jenes wichtigsten Sektors des modernen Gemeinwesens, der Welt der Arbeit, wenn es denn richtig ist, dass »die Entwicklung der Welt in wachsendem Maß von der Entwicklung der Arbeitenden bestimmt wird« (René Voillaume anlässlich der Arbeiterwallfahrt nach Lourdes, 1958).

Wenn sie so, der Welt angemessen, definiert und praktiziert wird, wird die christliche Liebe nicht mehr als die Wirkung einer sentimentalen Wohltätigkeit erscheinen, sondern als der wichtigste Akt, den es da zu setzen gilt, wo der Mensch einen ganz wesentlichen Lebensbereich hat, nämlich in seinem Beruf. Eine Katechese, die diese Dimension in die Definition von christlicher Liebe zu integrieren vermag, wird in einem Zuge eine echt pädagogische Bewusstwerdung der Solidarität im wirtschaftlichen Fortschritt und ein realistisches Verständnis von brüderlicher Liebe schaffen. Von daher wird das sogenannte apostolische *Engagement* seinen ganzen Sinn und seine Dynamik erhalten.

So wie sich, unter der formalen Unterscheidung von Profan und Sakral, Beruf und Berufung in jedem Menschen in gegenseitiger Involution verbinden, so verzahnt sich auf kommunitärer Ebene der Aufbau des mystischen Leibes Christi gerade durch eine in gewisser Weise institutionalisierte Liebe mit dem Aufbau der

---

28 »Der politische Bereich betrifft die Interessen der gesamten Gesellschaft; und in dieser Hinsicht kann man sagen, dass dem Feld der umfassendsten Caritas, der Caritas des Gemeinwesens, der *politischen Caritas* kein anderes vorrangig ist, außer dem der Religion« (Rede vor der Federazione Universitaria Cattolica Italiana [FUCI] am 18. Dezember 1927).

Welt, bei dem die Arbeit des Menschen für einen Prozess der Reifung der Schöpfung hin zu ihrer krönenden Herrlichkeit sorgt.[29]

Die Rekapitulation in Christus

Auch wenn es mehrfach angeklungen ist, haben wir im Zusammenhang mit dem *Mysterium* des arbeitenden Menschen das menschlich-göttliche Faktum bisher nicht ins Spiel gebracht, wiewohl es doch für den Christen das ganze Leben und die Werke des Menschen und damit eben auch in hohem Maß sein Berufsleben bestimmt. Beim augenblicklichen Stand der Katechese haben wir noch nicht von Christus gesprochen. Wir haben die Arbeit als eine tätige und freie Beteiligung des Menschen an der Schöpfung und an der göttlichen Weltlenkung betrachtet: Der Mensch vollendet sich, indem er so der Welt gegenübertritt, und gleichzeitig führt er sie als mächtiger Demiurg zu ihrer Vollendung, zu ihrem Endziel, indem er sie mit seinem Verstand und seiner Liebe zu Gott führt. Jetzt also sagen wir: Diesen Rückweg kann der Mensch durch und in Christus vollziehen.[30]

---

29 Auf diese Weise lässt sich die christliche Würde der Arbeit besser ausdrücken als in einer Theologie, in der die irdischen Realitäten lediglich eine äußere, bloß *nützliche* Bedingung des christlichen Lebens sind. Es ist ein inkarnierter brüderlicher Dienst im Reich Gottes. So lässt sich sicherstellen, dass der arbeitende Mensch und, im Fall der Jugendlichen, schon seine berufliche Zukunft in dieser eschatologischen Perspektive ins Gleichgewicht kommen: zwischen einem radikalen Pessimismus, für den die irdische Arbeit letztlich sinnlos ist, und einem utopischen Optimismus, dem zufolge das irdische christliche Gemeinwesen am Ende seiner Fortschrittsgeschichte zur Stadt Gottes wird. Vgl. Y. Congar, Jalons pour une théologie du laïcat, Paris 1953 (dt. Der Laie. Entwurf einer Theologie des Laientums, Stuttgart 1956).

30 Auch ohne dass wir dies von vornherein planten, können wir den Grundriss der christlichen Weltsicht aufgreifen, den Thomas von Aquin in seiner *Summa theologiae* ausbreitet: Die Emanation der Schöpfung ist die Wirkung der Liebe Gottes, die zu einer solchen *Ekstase* hingerissen wird, und die Schöpfung, das Bild und Gleichnis Gottes, trägt kraft dieser Liebe in ihrer Natur die Gesetze ihrer Ent-

Erneut müssen wir unsere Reflexion mit einer Reaktion auf den falschen Spiritualismus beginnen: Christus ist nicht gekommen, um die Seelen zu erlösen, sondern die Menschen, und nicht nur die Menschen, sondern die Welt. Allzu lang hat mehr oder weniger bewusst eine verengte Konzeption von Christus in seiner Menschwerdung vorgeherrscht. Die erneuerte Lektüre der paulinischen Texte – wie auch der anderen neutestamentlichen Schriften und des Alten Testaments – hat im christlichen Bewusstsein der Heilsökonomie ihre Einheit und Ganzheit zurückgegeben: Christus ist gekommen, um die gesamte Schöpfung mit ihren im Menschen versammelten und aufgegipfelten Strukturen wiederherzustellen durch eine Gnade, die sich in der menschlichen Natur inkarniert, welche wiederum selbst mit der ganzen Natur solidarisch und deren Nutznießerin ist. Eine kosmische Vision, in der die Auferstehung des Fleisches am Knotenpunkt von Materie und Geist den entscheidenden Test der menschlichen und irdischen Wahrheit der Inkarnation bildet.

So gesehen ist die Sensibilität für den Fortschritt der irdischen – physischen, wirtschaftlichen, biologischen – Ökonomie keineswegs ein Hindernis für die Glaubenseinsicht in der Katechese oder in der gelehrten Wissenschaft, sie ist vielmehr eine Ressource, deren Ausgewogenheit wir sichern, indem wir zeigen, wie das Gnadengeschenk des göttlichen Lebens im Gottmenschen Christus die Natur in der Befreiung vom Bösen zu sich selbst bringt, sie wiederherstellt, sie *vollendet*, damit sie ganz und gar disponibel wird für die göttliche Teilhabe in einer Liebeskommunion. Hier wird die Moral bis in ihre Grundlagen theo-

wicklung. Doch die Rückkehr zu Gott vollzieht sich nur durch die Gnade Christi. Vgl. auch Thomas, In Sent., lib. I, dist. 14, q. 2, art. 2.

logal, ohne dass die Vernunft, der Ausdruck der Natur, aufhört, die Regel für das menschliche – individuelle und kollektive – Verhalten zu sein.

Die Neubesinnung auf die Bibel, noch verstärkt durch die missionarische Bewegung, hat eine reichhaltige Literatur hervorgebracht, die insbesondere sowohl die Lehre vom Mystischen Leib als auch den Sinn für die Kirche als Volk Gottes in der Heilsgeschichte wieder zu Geltung brachte. Unter all diesen Texten wollen wir das Kapitel des Römerbriefs hervorheben, in dem Paulus zeigt, dass die materielle, für den Menschen geschaffene Welt dessen Schicksal teilt: Christus befreit auch und gerade die Materie. »Denn die ganze Schöpfung wartet sehnsüchtig auf das Offenbarwerden der Söhne Gottes... Denn wir wissen, dass die gesamte Schöpfung bis zum heutigen Tag seufzt und in Geburtswehen liegt« (Röm 8, 18.22).[31]

An diesem Punkt werden alle Werke des Menschen, an oberster Stelle seine große Leistung des Aufbaus der Welt im Lauf der Jahrhunderte, durch und in Christus *rekapituliert*. In seinen Leib eingegliedert, treten sie so wie die gesamte Schöpfung in sein Werk, in sein *Mysterium* ein. Der Glaubende vermag darin den Tod und die Auferstehung Christi zu lesen und zu leben. Die ganze gängige Moral der Arbeit, die ganze Verwurzelung des Berufs im Menschen, im Universum, in der Gemeinschaft wird so zur göttlichen Qualität des Lobes, der Opfergabe und der Befreiung, der drei Kennzeichen des im österlichen Akt Jesu Christi vollzogenen Opfers, erhoben.

---

31 Vgl. u. a. den Kommentar von J. Huby in der Reihe »Verbum salutis«, Paris 1940, 293–301. Es ist bezeichnend, dass die lateinischen Kommentatoren *creatio* ausschließlich auf den Menschen gedeutet und so eine Aussage mit einer kosmischen Sicht des Heils in Richtung einer psychologischen Spiritualität umgedeutet haben.

Diese christologische Kontinuität überlässt zwar das irdische Handeln seinem natürlichen Gesetz,[32] und die Autonomie der technischen, ökonomischen und soziologischen Probleme erlaubt es dem Christen nicht, dem Mythos einer ökonomischen Theokratie nachzugeben, deren Verwalter er wäre. Wenn und sofern aber die Transzendenz der Gnade und des Gottesreichs gesichert ist, vermag er kirchliche Sendung und berufliches Engagement zu unterscheiden und zu verbinden.[33]

104   Die Jugendkatechese wird zweifellos das Problem des Verhältnisses zwischen Kultur und Evangelisierung nicht in seinem vollen Umfang stellen können, ein Problem, das nur ein erwachsenes Bewusstsein und eine ebensolche Erfahrung reifen lassen können. Zumindest aber kann man ihm in den Aspirationen und Inspirationen einer Jugend, die von Hoffnung, aber auch schon vom Realismus des Technikers erfüllt ist, den Sinn für das von konkreten Menschen in einer konkrete Welt verwirklichte Reich Gottes vermitteln: eine Welt für die Freiheit der Kinder Gottes zu bauen.

＊

Nachschrift 1964: Ich würde, um das Tun des im Aufbau der Welt engagierten Christen zu definieren, den Ausdruck *consecratio mundi* nicht mehr ohne Vorbehalt verwenden. Gewiss hat das Wort »Konsekration« einen generischen Sinn; es meint den Wert, der einer Unternehmung durch den Glauben und die Liebe seiner Protagonisten verliehen wird und sie in die Heilsökono-

---

32   Das spricht gegen einen Panchristismus, der vor allem in Deutschland in einige theologische Darstellungen eingesickert ist.
33   Hier findet denn auch der doktrinelle und apostolische Status der Katholischen Aktion seinen Platz, in einem Glaubensverständnis, das über den Empirismus hinausgeht in Richtung der Begegnung des Ökonomischen und des Geistigen im Namen der kontinuierlichen Inkarnation.

mie eingliedert. Aber in ihrer eigentlichen Bedeutung impliziert »Konsekration« eine Aussonderung, durch die die konsekrierte Sache dem üblichen Gebrauch und seinem profanen Zweck entzogen wird, was hier offenkundig nicht der Fall ist. Es ist unerlässlich, dass in der Beziehung von Kirche und Welt die Autonomie der irdischen Wirklichkeiten, von Wissenschaft, Technik, wirtschaftlicher, gesellschaftlicher und politischer Organisation, ausdrücklich ausgesagt wird; denn diese Bereiche haben ihren alten sakralen Sinn verloren. Es geht nicht darum, die Werke der Welt zu sakralisieren, sondern darum, sie zu heiligen. Vgl. Consecratio mundi, in: *Nouvelle Revue Théologique*, Juni 1964, 608–618.

Nachwort der Herausgeber

Christian Bauer / Thomas Eggensperger / Ulrich Engel

Inmitten einer globalen Wirtschafts- und Finanzkrise veröffentlichen wir Texte von Marie-Dominique Chenu (1895–1990) zur Theologie der Arbeit.[1] Die hier zusammengestellten Reflexionen des französischen Dominikanertheologen stammen aus den 1940er, 50er und 60er Jahren – einer historisch inzwischen weit zurückliegenden Epoche, die andererseits jedoch ähnlich der unseren von tiefgreifenden politischen und sozioökonomischen Verwerfungen geprägt und gleichzeitig von Hoffnungen auf eine bessere, neue Zeit beseelt war. Zwischen der politischen Katastrophe der nationalsozialistischen Ideologie, den Kriegszerstörungen nicht nur im Herzen Europas, der enormen Bemühungen um einen raschen Wiederaufbau, der politischen und in Folge militärischen Blockbildung zwischen Ost und West, dem Bewusstwerden der globalen Nord-Süd-Verantwortung schwankte die geschichtliche Entwicklung und mit ihr die Stimmungen vieler Menschen. In diese Zeit hinein reflektierte Chenu die theologische und spirituelle Dignität von Arbeit. Chenu ging es dabei ausdrücklich »nicht darum, die ökonomischen, sozialen und politischen Bedingungen zu untersuchen, denen gemäß sich die Arbeit in dieser neuen Welt organisieren muss, die gerade in schmerzhaften Wehen liegt. Das ist die Sache der Meister in den genannten Domänen. Wir möchten hier lediglich den generellen Geist dieser Bedingungen fixieren, den Sinn ihrer Maßnahmen und (...) die Quelle ihrer Dynamik. Erst durch eine angemessene (...) Sichtweise der menschlichen Endziele der Arbeit werden die Ökonomen, Soziologen und Politiker ihrem Gegenstand (...) sein wahres Gewicht geben.«[2]

---

1 Siehe auch Ch. Bauer, Theologie der Arbeit? Eine Spurensuche bei M.-Dominique Chenu, in: A. Biesinger / J. Schmidt (Hrsg.), Ora et labora. Eine Theologie der Arbeit, Ostfildern 2010, 33-60.
2 M.-D. Chenu, Pour être heureux, travaillons ensemble, Paris 1942, 3f. [Übersetzung: Ch. Bauer].

Ausdrücklich betreibt Chenu in seiner Reflexion auf die Bedingungen der Arbeit *Theologie*. Ausgehend vom Ereignis der permanenten Inkarnation Gottes in diese Welt erkennt er eine spirituelle bzw. theologische Dignität der menschlichen Arbeitsprozesse. Im Sinne der Pastoralkonstitution *Gaudium et spes* des Zweiten Vatikanischen Konzils, die in deutlichen Worten die Eigenständigkeit des gesellschaftlichen und politischen Bereichs gegenüber der Kirche hervorgehoben hat (vgl. v.a. GS 36), erkennt Chenu in den Erwerbsarbeitsprozessen die Ökonomie des göttlichen Heils am Werk. Unzweifelhaft nahm er damit schon zur Mitte des 20. Jahrhunderts wichtige Erkenntnisse der lateinamerikanischen Theologie der Befreiung wie auch des Zweiten Vatikanischen Konzils vorweg: Der theologische Status der Arbeit ist nicht als Ableitung von immer schon feststehenden dogmatischen Prinzipien zu bestimmen[3], sondern realisiert sich nur in der inkarnatorischen Bewegung in die konkreten historischen Gegebenheiten hinein. Dass diese Gegebenheiten sich im letzten guten halben Jahrhundert grundlegend geändert haben, ist evident.[4] Die grundlegende Krise der Erwerbsarbeit, die damit einhergehenden politischen Diskussionen um bedingungslose Grundeinkommen, die mit der rasanten Globalisierung von Produktions- und Konsumptionsverhältnissen verbundenen Exklusionsprozesse – all diese Entwicklungen markieren Phänomene, die Chenu in seiner Theologie der Arbeit noch nicht ausdrücklich bzw. in ihrer heute anzutreffenden Schärfe hat reflektieren können. Vor diesem Hintergrund laden die ver-

---

3 Vgl. dazu die Kritik Chenus an der überkommenen Form der katholischen Soziallehre: M.-D. Chenu, Kirchliche Soziallehre im Wandel. Das Ringen der Kirche um das Verständnis der gesellschaftlichen Wirklichkeit. Aus dem Französischen von K. Füssel (Theologie aktuell Bd. 13), Freiburg/Schweiz – Luzern 1991.

4 Vgl. dazu A. Kreutzer, Arbeit und Muße. Studien zu einer Theologie des Alltags (Forum Religion & Sozialkultur / Abt. A: Religions- und kirchensoziologische Texte Bd. 19), Berlin 2011.

sammelten Texte nicht bloß zu einer theologiegeschichtlich interessanten *relecture* ein, sondern wollen auch zu einem theologisch-aktualisierenden Weiterdenken animieren. In diesem Sine wünschen wir dem vorliegenden Buch eine kreative Rezeption!

Wir danken allen, die am Entstehungsprozess des 5. Bandes der »Collection Chenu« beteiligt waren. Namentlich gilt unser Dank Michael Lauble für die wie immer kompetente Erstellung der deutschen Übersetzung, Sonja Sailer-Pfister für die Bereitschaft, den einführenden Kommentar zu verfassen, Barthel Schröder und der Kongregation der Dominikanerinnen von Neerbosch für die großzügige finanzielle Unterstützung des Projekts sowie Gertrud Widmann und Volker Sühs für die gewohnt fachkundige und zugleich unkomplizierte Betreuung seitens des Matthias Grünewald Verlags.

Christian Bauer OPL
Thomas Eggensperger OP
Ulrich Engel OP

Innsbruck und Berlin am 28. Januar 2013,
dem Fest des Kirchenlehrers Thomas von Aquin

Mitarbeiterverzeichnis

Christian Bauer OPL | Prof. Dr. theol., Mediator
Professor für Interkulturelle Pastoraltheologie an der Katho-
lisch-Theologischen Fakultät der Universität Innsbruck; Non
Resident Permanent Fellow am Institut M.-Dominique Chenu,
Berlin

M.-Dominique Chenu OP | Dr. theol., Dr. theol. h.c.
* 1895 in Soisy-sur-Seine, † 1990 in Paris

Thomas Eggensperger OP | Prof. Dr. theol., M.A.
Geschäftsführender Direktor des Institut M.-Dominique Chenu,
Berlin; Professor für Sozialwissenschaften und Sozialethik an
der Philosophisch-Theologischen Hochschule Münster

Ulrich Engel OP | PD Dr. theol. habil.
Direktor des Institut M.-Dominique Chenu, Berlin; Lehrbeauf-
tragter für Philosophisch-theologische Grenzfragen an der
Philosophisch-Theologischen Hochschule Münster

Michael Lauble | Dr. theol.
Übersetzer und freier Lektor, Düsseldorf

Sonja Sailer-Pfister | J Prof. Dr. theol.
Juniorprofessorin für Christliche Gesellschaftswissenschaften
und Sozialethik an der Philosophisch-Theologischen Hochschule Vallendar

Nachweise

Die Christen und die Arbeit:

Marie-Dominique Chenu, Spiritualité du travail. Avec illustrations de J. Le Chevalier, Paris: Les Éditions du Temps présent 1941, 32–43 [»IV. Le Travail en chrétienté«].

Die Arbeit und der göttliche Kosmos:

Marie-Dominique Chenu, Pour une théologie du travail (Livre de vie vol. 53), Paris: Éditions du Seuil 1955, 20–31.

Theologie der Arbeit:

Théologie du travail, in: Marie-Dominique Chenu, La Parole de Dieu. II: L'Évangile dans les temps, Paris: Les Éditions du Cerf 1964, 543–570.

Wir danken allen Rechteinhabern und Verlagen für die freundliche Genehmigung der Übersetzungen. Trotz intensiver Bemühungen ist es uns nicht gelungen, alle Rechteinhaber zu ermitteln. Wir bitten diese daher um Verständnis, wenn wir gegebenenfalls erst nachträglich eine Abdruckhonorierung vornehmen können.

Collection Chenu

hrsg. vom Institut M.-Dominique Chenu – Espaces Berlin
durch Christian Bauer, Thomas Eggensperger und Ulrich Engel
im Matthias Grünewald Verlag, Ostfildern

Bd. 1   M.-Dominique Chenu, Leiblichkeit und Zeitlichkeit. Eine
anthropologische Stellungnahme. Aus dem Französischen von
Otto Hermann Pesch und Michael Lauble, mit einer Einführung von Christian Bauer, Thomas Eggensperger und
Ulrich Engel sowie mit einer werkbiographischen Skizze von
André Duval, Berlin: Morus Verlag 2001, 75 S., broschiert, ISBN
3-87554-356-4. [vergriffen]

Bd. 2   M.-Dominique Chenu, Le Saulchoir. Eine Schule der Theologie.
Aus dem Französischen von Michael Lauble und mit einer Ein-
führung von Christian Bauer, Berlin: Morus Verlag 2003, 194
S., broschiert, ISBN 3-87554-365-3.

Bd. 3   Von der Freiheit eines Theologen. M.-Dominique Chenu im
Gespräch mit Jacques Duquesne. Aus dem Französischen von
Michael Lauble, Mainz: Matthias Grünewald Verlag 2005, 252
S., broschiert, ISBN 3-7867-2564-0. [vergriffen]

Bd. 4   M.-Dominique Chenu, Theologie als Wissenschaft im 13. Jahrhundert. Aus dem Französischen von Michael Lauble und mit
einer Einführung von Andreas Speer, Ostfildern: Matthias
Grünewald Verlag 2008, 176 S., broschiert, ISBN 978-3-7867-
2739-2. [vergriffen]

Bd. 5   M.-Dominique Chenu, Theologie der Arbeit. Texte aus drei
Jahrzehnten. Aus dem Französischen von Michael Lauble und
mit einer Einführung von Sonja Sailer-Pfister, Ostfildern:
Matthias Grünewald Verlag 2013, 116 S., broschiert, ISBN 978-
3-7867-2972-3.

Bd. 6   M.-Dominique Chenu, Beiträge zum Zweiten Vatikanischen
Konzil. Mit einer Einführung von Christian Bauer, Ostfildern:
Matthias Grünewald Verlag. [In Vorbereitung]